中华人民共和国人民调解法

注释本

法律出版社法规中心　编

法律出版社
LAW PRESS CHINA
·北　京·

图书在版编目（CIP）数据

中华人民共和国人民调解法注释本 / 法律出版社法规中心编. -- 2 版. -- 北京 : 法律出版社, 2025.

(法律单行本注释本系列). -- ISBN 978 - 7 - 5197 - 9796 - 6

Ⅰ. D925.05

中国国家版本馆 CIP 数据核字第 2025FA0937 号

中华人民共和国人民调解法注释本

ZHONGHUA RENMIN GONGHEGUO RENMIN TIAOJIEFA ZHUSHIBEN

法律出版社法规中心 编

责任编辑 李争春

装帧设计 李 瞻

出版发行 法律出版社

编辑统筹 法规出版分社

责任校对 张红蕊

责任印制 耿润瑜

经 销 新华书店

开本 850 毫米×1168 毫米 1/32

印张 5.375 **字数** 183 千

版本 2025 年 4 月第 2 版

印次 2025 年 4 月第 1 次印刷

印刷 北京盛通印刷股份有限公司

地址:北京市丰台区莲花池西里 7 号(100073)

网址:www.lawpress.com.cn

投稿邮箱:info@lawpress.com.cn

举报盗版邮箱:jbwq@lawpress.com.cn

销售电话:010 - 83938349

客服电话:010 - 83938350

咨询电话:010 - 63939796

书号:ISBN 978 - 7 - 5197 - 9796 - 6

定价:18.00 元

凡购买本社图书,如有印装错误,我社负责退换。电话:010 - 83938349

编辑出版说明

现代社会是法治社会，社会发展离不开法治护航，百姓福祉少不了法律保障。遇到问题依法解决，已经成为人们处理矛盾、解决纠纷的不二之选。然而，面对纷繁复杂的法律问题，如何精准、高效地找到法律依据，如何完整、准确地理解和运用法律，日益成为人们"学法、用法"的关键所在。

为了帮助读者快速准确地掌握"学法、用法"的本领，我社开创性地推出了"法律单行本注释本系列"丛书，至今已十余年。本丛书历经多次修订完善，现已出版近百个品种，涵盖了社会生活的重要领域，已经成为广大读者学习法律、应用法律之必选图书。

本丛书具有以下特点：

1. 出版机构权威。成立于1954年的法律出版社，是全国首家法律专业出版机构，始终秉承"为人民传播法律"的宗旨，完整记录了中国法治建设发展的全过程，享有"社会科学类全国一级出版社"等荣誉称号，入选"全国百佳图书出版单位"。

2. 编写人员专业。本丛书皆由相关法律领域内的专业人士编写，确保图书内容始终紧跟法治进程，反映最新立法动态，体现条文本义内涵。

3. 法律文本标准。作为专业的法律出版机构，多年来，我社始终使用全国人民代表大会常务委员会公报刊登的法律文本，积淀了丰富的标准法律文本资源，并根据立法进度及时更新相关内容。

4. 条文注解精准。本丛书以立法机关的解读为蓝本，给每个条文提炼出条文主旨，并对重点条文进行注释，使读者能精准掌握立法，轻松理解条文内容。

5. 配套附录实用。书末“附录”部分收录的均为重要的相关法律、法规和司法解释，有的分册还附有典型案例，使读者在使用中更为便捷，使全书更为实用。

需要说明的是，本丛书中“适用提要”“条文主旨”“条文注释”等内容皆是编者为方便读者阅读、理解而编写，不同于国家正式通过、颁布的法律文本，不具有法律效力。本丛书不足之处，恳请读者批评指正。

我们用心打磨本丛书，以期待为法律相关专业的学生释法解疑，致力于为每个公民的合法权益撑起法律的保护伞。

法律出版社法规中心

2025 年 3 月

目　　录

附录一　相关规定

附录二　相关案例

《中华人民共和国人民调解法》适用提要

2010年8月28日,第十一届全国人民代表大会常务委员会第十六次会议审议通过了《人民调解法》[①],自2011年1月1日起施行。

调解制度源于我国古代民间"排难解纷""止讼息争"的优良传统,因其契合了中华民族"以和为贵"的传统道德和处世方式,为传统儒家思想"息诉止讼"的社会治理理念所推崇,从而成为民间乃至官府解决矛盾纠纷的基本准则之一。现代人民调解制度是在继承我国民间调解优良传统的基础上,逐步发展而成的一项社会主义民主与法律制度。人民调解是指人民调解委员会通过说服、疏导等方法,促使当事人在平等协商基础上自愿达成调解协议,解决民间纠纷的一种群众自治活动,是一项化解矛盾、消除纷争的非诉讼纠纷解决方式,被国际社会誉为化解社会矛盾的"东方经验"。

人民调解制度萌芽于20世纪20年代中国共产党领导的

---

① 为便于阅读,下文中的法律法规名称均使用简称。

第一次国内革命战争时期，在中华人民共和国成立后得到了长足发展。1954 年 3 月 22 日，中央人民政府政务院颁布了《人民调解委员会暂行组织通则》，明确了人民调解的宗旨、任务、组织、原则、纪律和工作方法，以行政法规的形式第一次在全国范围内建立了统一的人民调解制度。1982 年，人民调解制度作为人民群众自治的重要内容载入《宪法》，其中第 111 条第 2 款规定："居民委员会、村民委员会设人民调解、治安保卫、公共卫生等委员会，办理本居住地区的公共事务和公益事业，调解民间纠纷，协助维护社会治安，并且向人民政府反映群众的意见、要求和提出建议。"同年颁布的《民事诉讼法》确立了人民调解制度与民事诉讼的关系。1989 年，国务院颁布了《人民调解委员会组织条例》，专门对人民调解工作进行了规范。我国《宪法》《民事诉讼法》《村民委员会组织法》《城市居民委员会组织法》《人民法院组织法》等法律对人民调解工作均有明确规定。

《人民调解法》以《宪法》为依据，以《人民调解委员会组织条例》实施以来的实践经验为基础，既坚持了人民调解的本质属性，又按照科学发展观的要求，适应新形势、新任务，对人民调解制度进行了完善和创新。《人民调解法》一共有 6 章 35 条，除总则和附则之外，还完整地规定了人民调解委员会、人民调解员、调解程序、调解协议四部分核心内容，全面地确立了我国的调解制度，使人民调解工作步入法治化、规范化的发展轨道，对于及时妥善解决民间纠纷，化解社会矛盾，维护社会稳定，构建和谐社会，将产生重大和深远的影响。

人民调解制度是具有深厚中华民族传统文化的一项法律

制度,具有中国特色。关于人民调解立法工作,很早就得到了社会各界的广泛关注。从第八届全国人大到第十一届全国人大,每年都有相当数量的全国人大代表就人民调解立法工作提出议案,全国政协委员也多次提出立法提案。早在1995年,关于人民调解的立法工作就已经启动,当时司法部根据第八届全国人大和政协的提议,开始了人民调解工作立法的准备工作。2002年,中共中央办公厅、国务院办公厅转发了《最高人民法院、司法部关于进一步加强新时期人民调解工作的意见》。2002年9月,最高人民法院出台了《关于审理涉及人民调解协议的民事案件的若干规定》(已失效),以司法解释的形式明确了人民调解协议的法律约束力:经人民调解委员会调解达成的有民事权利义务内容,并由双方当事人签字或盖章的调解协议,具有民事合同性质,当事人不得擅自变更或解除协议。与此同时,司法部出台了《人民调解工作若干规定》,之后,《最高人民法院、司法部关于进一步加强人民调解工作切实维护社会稳定的意见》和《最高人民法院、司法部关于进一步加强新形势下人民调解工作的意见》等文件相继出台。根据全国人大常委会和国务院立法工作计划,司法部认真总结中华人民共和国成立以来,特别是《人民调解委员会组织条例》实施以来人民调解的工作经验,起草了《人民调解法(草案送审稿)》。2010年5月5日,国务院第110次常务会议决定将草案提请第十一届全国人大常委会审议。国家立法机关对人民调解立法给予了高度重视,坚持科学立法、开门立法、民主立法,充分听取各部门、专家学者和基层的意见、建议,深入调查研究,进一步修改完善了《人民调解法(草案)》。经第十一届全国人大常委会第十五次和第十六次会议两次审议,《人民调解法》于2010年8月28日通过。

这次颁布的《人民调解法》具有以下七大亮点:

一是坚持和巩固了人民调解的群众性、民间性、自治性的性质和特征。人民调解是人民群众自我教育、自我管理、自我服务的一项制度,这一属性与定位是人民调解工作赖以存在的基础,也是长期以来人民调解工作保持强大生命力、深受群众欢迎的根本原因。尽管人民调解组织形式、调解领域、工作方式有许多新的发展变化,但这一性质始终没有改变,也不能改变。

二是进一步完善了人民调解的组织形式。《人民调解法》规范了村民、居民调解委员会和企业事业单位调解委员会的设立、组成及任期制度。同时,为乡镇、街道人民调解委员会及一些特定区域,如依托集贸市场、旅游区、开发区设立的人民调解组织和基层工会、妇联、残联、消协等群众团体、行业组织设立的新型人民调解组织保留了制度空间。

三是进一步明确了人民调解员的任职条件、选任方式、行为规范和保障措施。为提高人民调解员队伍整体素质,优化人民调解员队伍结构,法律规定了人民调解员的任职条件,要求司法行政机关定期对人民调解员进行业务培训。同时规定了人民调解员从事调解工作应当给予适当的误工补贴。在人民调解工作岗位上致伤、致残或牺牲的人民调解员及其家属可以享受国家救助和抚恤,以激励广大群众积极参与人民调解工作。

四是进一步体现了人民调解的灵活性和便利性。基于人民调解的性质和特征，法律的相关规定凸显了人民调解不拘形式、灵活便捷、便民利民的特点和优势，要求在充分尊重当事人权利的基础上，采用多种方式帮助当事人达成协议，避免人民调解程序司法化。

五是法律确认了人民调解与其他纠纷解决方式之间的衔接机制。为贯彻调解优先原则，充分发挥人民调解在化解社会矛盾纠纷中的基础作用，处理好人民调解与其他纠纷解决方式之间的衔接关系，法律规定基层人民法院、公安机关对适宜通过人民调解方式解决的纠纷，可以在受理前告知当事人申请人民调解。人民调解委员会对调解不成的纠纷，应当告知当事人依法通过仲裁、行政、司法等途径维护自己的权利。

六是进一步明确了人民调解协议的效力和司法确认制度。《人民调解法》明确规定，经人民调解委员会调解达成的调解协议，具有法律约束力，当事人应当按照约定履行。同时，这部法律首次通过立法确立了对人民调解协议的司法确认制度，即对经人民调解委员会调解达成调解协议后，双方当事人认为有必要的，可以自协议生效之日起 30 日内共同向人民法院申请司法确认；人民法院确认调解协议有效，一方当事人拒绝履行或者未全部履行的，对方当事人可以向人民法院申请强制执行。这是近年来人民调解工作的一项重要制度创新，是运用司法机制对人民调解给予支持的重要保障性措施。

七是加强了对人民调解工作的指导和保障。《人民调解法》规定，国家鼓励和支持人民调解工作，县级以上地方人民政府对人民调解工作所需经费应当给予必要的支持和保障，对有突出贡献的人民调解委员会和人民调解员按照国家规定给予表彰奖励。同时，明确规定了司法行政机关对人民调解工作的指导管理体制，明确了基层人民法院对人民调解委员会调解民间纠纷进行业务指导。

《人民调解法》作为人民调解制度建设的一个重要里程碑，必将对我国人民调解工作的发展起到至关重要的规范和促进作用，人民调解这朵“东方之花”必将更加绚烂绽放！

中华人民共和国人民调解法

（2010年8月28日第十一届全国人民代表大会常务委员会第十六次会议通过　2010年8月28日中华人民共和国主席令第34号公布　自2011年1月1日起施行）

第一章　总　　则

第一条　【立法目的】[①]为了完善人民调解制度，规范人民调解活动，及时解决民间纠纷，维护社会和谐稳定，根据宪法，制定本法。

条文注释[②]

本法的立法目的主要有以下几个方面：

1. 完善人民调解制度。人民调解是在继承和发扬我国民间调解优良传统基础上发展起来的一项具有中国特色的法律制度，是公共法律服务体系的重要组成部分，在矛盾纠

①② 条文主旨、条文注释均为编者所加，仅供参考。全书同。

纷多元化解机制中发挥着基础性作用。人民调解制度是我国社会主义法律制度和基层民主政治制度的组成部分。《人民调解法》在全面总结调解工作发展经验的基础上，坚持人民调解的本质属性，注重保持和发挥人民调解特有的优势和作用，全面、系统、创造性地规范了人民调解的性质、任务和原则，人民调解组织形式和人民调解员的选任，人民调解的程序、效力，人民调解的指导和保障等各个方面的问题，进一步丰富和发展了人民调解制度，为人民调解工作提供了更有力的法律支持。

2. 规范人民调解活动。规范人民调解活动，是推进人民调解工作依法、健康、顺利发展，发挥人民调解功能作用的重要保证。《人民调解法》进一步完善了人民调解与其他纠纷解决方式相衔接的工作机制，明确了人民调解协议的法律效力，首次从立法上确立了司法确认制度。《人民调解法》明确规定国家对人民调解工作的支持和保障责任，确立了司法行政机关对人民调解工作的指导管理体制，明确了基层人民法院对人民调解委员会调解民间纠纷进行业务指导的责任。通过这些制度的设立，确保人民调解活动有法可依、依法进行，提高了人民调解活动的制度化、规范化水平。

3. 及时解决民间纠纷。人民调解的基本任务是化解民间纠纷，而及时、便捷地解决民间纠纷则是人民调解的显著特点。调解与诉讼、仲裁都是矛盾纠纷的解决机制，它们相互配合、相互协调，共同发挥着化解矛盾纠纷、维护社会和谐稳定、促进经济社会发展的作用。人民调解是诉讼程序之外化解矛盾、消除纷争、促进和谐的重要手段，是我国矛盾纠纷预防化解体系的重要组成部分。人民调解解决矛盾纠纷突出的特点是及时、就地、不拘形式、便民利民，能够及早发现矛盾、尽快解决矛盾，尽量做到“大事化小，小事化了”。与其他矛盾解决机制相比，人民调解的优越性在很大程度上就表现在“及时”上。通过广布的人民调解组织网络，定期排查纠纷，把纠纷消灭在萌芽状态，及时解决在基层，预防和调解了大量社会难点、热点纠纷。

4. 维护社会和谐稳定。人民调解作为预防和解决社会矛盾纠纷的重要手段，是维护社会稳定的“第一道防线”，是增进团结、和谐的“润滑剂”，同时也是基层民主政治建设的重要组成部分。人民调解工作必须适应新形势的要求，不断更新工作理念、开拓工作方法、创新工作机制、完善组织形式、提高队伍整体素质，努力拓展人民调解的领域和空间，在维护社会和谐稳定中更好地发挥职能优势。

第二条　【人民调解的内涵】本法所称人民调解，是指人民调解委员会通过说服、疏导等方法，促使当事人在平等协商基础上自愿达成调解协议，解决民间纠纷的活动。

条文注释

人民调解是一项具有中国特色的化解矛盾、消除纷争的非诉讼纠纷解决方式。人民调解工作主要是在人民调解委员会的主持下，通过人民调解员积极地在矛盾双方当事人之间说服、疏导，帮助交换意见，提出解决纠纷的建议，引导当事人自愿达成解决纠纷的协议。人民调解委员会设置于基层一线，可以及时发现、捕捉各种问题和矛盾的苗头，获取深层次、预警性信息。人民调解员可以主动介入纠纷进行调解，充分听取当事人的陈述，讲解有关法律、法规和国家政策，耐心疏导，使当事人平等协商、互谅互让、解决纠纷。调解协议是在人民调解员的居间主持下双方基于自愿而签订的，当事人在心理上能够接受，在履行协议时也比较自觉，提高了调解成功率和协议履行率。

第三条　【人民调解的原则】人民调解委员会调解民间纠纷，应当遵循下列原则：

（一）在当事人自愿、平等的基础上进行调解；

（二）不违背法律、法规和国家政策；

（三）尊重当事人的权利，不得因调解而阻止当事人依法通过仲裁、行政、司法等途径维护自己的权利。

条文注释

本条规定了人民调解组织开展调解工作的三项原则：自愿平等原则、合法原则和尊重当事人权利原则。

1. 自愿平等原则是人民调解的基础。人民调解应当在当事人自愿、平等的基础上进行。当事人既可以接受调解，也可以不接受调解，即使在调解的过程中，当事人也可以拒绝继续调解；当事人既可以接受人民调解委员会安排的调解员，也可以自主选择调解员；当事人既可以接受调解员提出的调解方案，也可以自行提出调解方案；当事人可以自主选择达成书面协议还是口头协议；等等。当事人在调解的过程中享有平等的地位，权利行使平等，义务履行平等，任何人均不享有特权。

2. 合法原则是指调解的程序和调解的内容合法，这一原则规定了人民调解的依据。人民调解主要依据法律、法规、国家政策进行，在不违背法律、法规和国家政策设定的强制性规定的前提下，可以依照社会公德、村规民约、公序良俗、行业惯例进行调解。纠纷调解的结果对当事人权利义务的确定，不得违反法律、法规和国家政策的明确要求，不得侵害公共利益和第三方权益。

3. 尊重当事人权利原则是人民调解的保障。调解、仲裁、行政或司法途径，都是当事人维护自身合法权益的有效途径，各具优势和特点。选择哪种途径主张权利、维护利益是当事人的权利。运用人民调解，采用说服、协商、疏导等方法，及时解决矛盾纠纷，在预防和减少纠纷、增进团结、促进和谐上发挥了重要、不可替代的基础性作用。尊重当事人权利原则，也是自愿平等原则的延伸。调解的进行以纠纷当事人的自愿为前提，调解的启动、进行以及协议的履行等都取决于当事人的自愿。人民调解员在调解过程中可以进行说服劝解，可以提出调解的方案，但采用与否仍取决于当事人。当事人对调解协议反悔或调解不成功时，当事人还可以向法院提起诉讼或者采取其他方式维护合法权益。

第四条 【调解不收费原则】人民调解委员会调解民间纠纷，不收取任何费用。

条文注释

人民调解不收费制度，要求人民调解组织、人民调解员和参加调解工作的其他人员，以及这些人民调解组织的设立单位,不得向当事人收取或者变相收取任何费用、财物。《人民调解委员会组织条例》第 11 条明确规定:“人民调解委员会调解民间纠纷不收费。”人民调解委员会调解民间纠纷的根本目的是要通过人民调解化解矛盾纠纷,增进人民团结,维护社会和谐稳定。如果收取调解费用,一方面会导致不交费不受理、不调处的情况发生,另一方面也会出现有些纠纷当事人因为没有钱或者不愿出钱,发生了纠纷无人问津,从而致使矛盾激化的情况。人民调解不收费,能够使其更加贴近群众、服务群众,使矛盾纠纷当事人愿意主动申请调解,从而最大限度地使矛盾纠纷早发现、早化解,避免矛盾激化,充分发挥人民调解制度的职能作用,有力维护社会和谐。

第五条　【对人民调解工作的指导】国务院司法行政部门负责指导全国的人民调解工作,县级以上地方人民政府司法行政部门负责指导本行政区域的人民调解工作。

基层人民法院对人民调解委员会调解民间纠纷进行业务指导。

条文注释

承担人民调解工作指导职责的机构包括司法行政部门和人民法院。其中,县级以上地方人民政府司法行政部门负责指导本行政区域的人民调解工作。基层人民法院负责对人民调解委员会调解民间纠纷进行业务指导。司法行政部门对人民调解工作的指导职责包括对人民调解工作组织、队伍、业务、工作等各个方面,人民法院对人民调解工作的指导是指对人民调解委员会调解民间纠纷的活动进行业务指导。

第六条 【国家对人民调解工作的支持和保障】国家鼓励和支持人民调解工作。县级以上地方人民政府对人民调解工作所需经费应当给予必要的支持和保障,对有突出贡献的人民调解委员会和人民调解员按照国家规定给予表彰奖励。

条文注释

人民调解委员会开展各项工作,组织活动,落实任务,都离不开必要的物质保障和经费保障。

1. 国家鼓励和支持人民调解工作,这是原则性规定,明确了党和国家对人民调解工作的充分肯定和积极倡导的态度。其具体表现在由县级以上地方人民政府对人民调解工作所需经费的支持和保障,以及对有突出贡献的人民调解委员会和人民调解员的表彰奖励。

2. 县级以上地方政府对人民调解工作所需经费的支持和保障,是在坚持人民调解委员会调解矛盾纠纷不收费原则的基础上,结合时代赋予人民调解的重要任务,作出的重要制度创新。按照现行相关规定,结合人民调解工作实际,一般认为,人民调解工作经费的开支范围应当包括司法行政部门指导人民调解工作的经费、人民调解委员会的补助经费、人民调解员的补贴经费。其中司法行政部门指导人民调解工作的经费包括:人民调解工作宣传经费、培训经费、表彰奖励费;人民调解委员会的补助经费包括购置办公文具费、文书档案和纸张等的补助费;人民调解员的补贴经费是发放给人民调解员调解纠纷的生活补贴费。

关于人民调解工作经费保障的具体办法。一是各级司法行政部门指导人民调解工作的经费列入同级财政预算。二是为支持人民调解委员会和人民调解员的工作,地方财政可根据当地经济社会发展水平和财力状况,适当安排人民调解委员会补助经费和人民调解员补贴经费。乡镇(街道)、村(居)委会、企业事业单位等设立人民调解委员会和人民调解员的机构应继续在各方面对其提供支持。三是人民调解委员会补助经费、人民调解员补贴经费的安排和发放应考虑每个人民调解委员会及人民调解员调解纠纷的数量、质量和纠纷的难易程度、社会影响大小以及调解的规范化程度。补助和补贴经费可由县级司法行政部门商同级财政部门确定。

3. 对人民调解委员会和人民调解员进行表彰和奖励。表彰奖励的对象是有突出贡献的人民调解委员会和人民调解员。既包括本法所规定的包括村民委员会、居民委员会、乡镇、街道、企业事业单位、社会团体、其他组织等各种类型的人民调解组织,也包括专、兼职在内的各类人民调解员。

第二章　人民调解委员会

第七条　【人民调解委员会的性质和法律地位】人民调解委员会是依法设立的调解民间纠纷的群众性组织。

条文注释

《宪法》第 111 条第 2 款规定:“居民委员会、村民委员会设人民调解、治安保卫、公共卫生等委员会，办理本居住地区的公共事务和公益事业，调解民间纠纷，协助维护社会治安，并且向人民政府反映群众的意见、要求和提出建议。”据此，居民委员会、村民委员会设立的人民调解委员会是人民调解的基本组织形式。同时，《村民委员会组织法》和《城市居民委员会组织法》分别明确地规定了村（居）民委员会是村（居）民自我管理、自我教育、自我服务的基层群众性自治组织的内容。因此，在村（居）民委员会之下设立的人民调解委员会自然也是群众性自治组织。

《人民调解委员会组织条例》第2条明确规定，人民调解委员会是村民委员会和居民委员会下设的调解民间纠纷的群众性组织；《人民调解工作若干规定》第2条第1款也规定，人民调解委员会是调解民间纠纷的群众性组织。各省、自治区、直辖市制定的有关地方性法规也都作了类似的规定。《人民调解法》坚持了人民调解委员会的性质，再一次明确规定人民调解委员会是调解民间纠纷的群众性组织。人民调解委员会作为群众性自治组织，也直接决定了人民调解的群众性、自治性和民间性的基本特征。

人民调解委员会的群众性，主要体现在以下几个方面：首先，人民调解委员会是群众自治的组织。人民调解委员会由村（居）民委员会设立。人民调解委员会的委员由群众推选产生，人民调解委员会根据需要依照法定条件从群众中聘任其他人民调解员。其次，人民调解的工作范围是民间纠纷，主要是公民之间、公民与法人或者其他组织之间发生的涉及人身、财产权益的民事纠纷。这些民事纠纷所涉及的权利义务关系都是法律允许当事人自行处分的，一般不涉及社会公共利益，因此，不需要行政权和司法权的介入就能够予以妥善解决。再次，人民调解员与纠纷当事人地位平等。人民调解员没有凌驾于当事人之上的权力，调解的整个过程都要遵循当事人自愿原则，当事人的意愿决定了他们是否接受调解、能否达成协议以及达成怎样的协议。人民调解员与当事人具有平等主体地位，是民间的第三方角色，发挥的是促成当事人之间互谅互让、化解纠纷、达成协议的作用。最后，人民调解不具有行政或司法等国家强制力的属性。从人民调解协议的效力上看，经人民调解委员会调解达成的调解协议具有法律约束力，当事人应当按照约定履行。人民调解协议的履行，主要依靠人民调解的公信力以及道德、舆论的约束力，由当事人自觉履行。当事人之间就调解协议的履行发生争议的，可以向人民法院提起诉讼。人民调解委员会是群众性自治组织，它不拥有国家强制力，人民调解协议在未通过司法确认之前不具有强制执行的效力。

关联法规

《宪法》第 111 条

《人民调解委员会组织条例》第 2 条

《人民调解工作若干规定》第 2 条

第八条　【人民调解委员会的组成】村民委员会、居民委员会设立人民调解委员会。企业事业单位根据需要设立人民调解委员会。

人民调解委员会由委员三至九人组成，设主任一人，必要时，可以设副主任若干人。

人民调解委员会应当有妇女成员，多民族居住的地区应当有人数较少民族的成员。

条文注释

本条是关于人民调解委员会组织形式及人员构成的规定。

1. 人民调解委员会的组织形式。村（居）委会和企业事业单位设立的人民调解委员会，是人民调解组织的主要形式。村（居）委会设立人民调解委员会是人民调解组织的基本设立形式，是人民调解工作的主要组织基础。由于贴近群众，村（居）人民调解委员会能够较早地发现群众之间发生的纠纷，并主动进行调解，发挥人民调解及时、主动、便捷的特点和优势，能够将矛盾纠纷解决在萌芽状态，有效防止矛盾纠纷激化，维护本村落、社区的和谐稳定，进而维护全社会的和谐稳定。实践中，村（居）人民调解委员会充分发挥了其贴近群众的优势和化解矛盾纠纷的基础性作用。企业事业单位根据需要设立人民调解委员会，由企业事业单位根据需要灵活掌握。企业事业单位设立人民调解委员会有利于其内部矛盾纠纷的化解。此外，本法附则还规定，乡镇、街道以及社会团体或者其他组织根据需要可以参照本法有关规定设立人民调解委员会，弥补了村（居）人民调解委员会和企业事业单位人民调解委员会在地域性和专业性方面的不足，拓展了人民调解的空间和领域，正发挥着越来越重要的作用。

2. 人民调解委员会的人员构成。根据本条规定，人民调解委员会由委员三至九人组成。人民调解委员会的组成人数以单数为宜，这主要有利于在民主决策时采取少数服从多数的原则。在委员的性别构成上，本法明确要求人民调解委员会应当有妇女成员，即无论人民调解委员会由几名委员组成，其中必须有至少一名委员为女性。作此要求，一是倡导男女平等原则，使妇女有机会参与更多的社会事务；二是考虑妇女在调解婚姻、家庭、邻里纠纷方面具有一定的优势。在委员的民族构成上，本法明确要求多民族居住的地区应当有人数较少民族的成员。需要特别强调的是，人数较少的民族不一定是少数民族，在一个特定的行政区域或组织内，哪个民族的人数较少就是人数较少的民族。作此规定主要是出于民族平等和有利于纠纷解决的考虑。同一民族的群众在生活习惯、思想观念等方面较为接近，更能够互相理解和体谅，由本民族的群众作为调解员，能够较好地找到纠纷的症结，把握纠纷当事人的心态，有利于矛盾纠纷的化解。

第九条 【人民调解委员会委员的产生和任期】村民委员会、居民委员会的人民调解委员会委员由村民会议或者村民代表会议、居民会议推选产生；企业事业单位设立的人民调解委员会委员由职工大会、职工代表大会或者工会组织推选产生。

人民调解委员会委员每届任期三年，可以连选连任。

条文注释

本条是关于人民调解委员会委员产生方式及任期的规

定。人民调解委员会是基层群众性自治组织,是群众自我管理、自我教育、自我服务的重要形式。人民调解委员会委员的产生充分发扬民主,确保来自群众,代表群众。

1. 村民委员会的人民调解委员会委员的产生方式。《村民委员会组织法》规定:村民会议由本村十八周岁以上的村民组成。召开村民会议,应当有本村十八周岁以上村民的过半数参加,或者本村三分之二以上的户的代表参加,所作决定应当经到会人员的过半数通过。根据需要,可以邀请驻本村的企业事业单位和群众组织派代表列席。村民会议由村民委员会召集。有十分之一以上的村民或者三分之一以上的村民代表提议,应当召集村民会议。人数较多或者居住分散的村,可以推选产生村民代表,由村民委员会召集村民代表开会,讨论决定村民会议授权的事项。村民代表由村民按每五户至十五户推选一人,或者由各村民小组推选若干人。同时,《村民委员会组织法》还规定,村民委员会成员可以兼任下属委员会的成员。人民调解委员会作为村民委员会的下属委员会,其成员可以由村民委员会的成员兼任。

2. 居民委员会的人民调解委员会委员的产生方式。《城市居民委员会组织法》规定:居民会议由十八周岁以上的居民组成。居民会议可以由全体十八周岁以上的居民或者每户派代表参加,也可以由每个居民小组选举代表二至三人参加。居民会议必须有全体十八周岁以上的居民、户的代表或者居民小组选举的代表的过半数出席,才能举行。会议的决定,由出席人的过半数通过。居民会议由居民委员会召集和主持。有五分之一以上的十八周岁以上的居民、五分之一以上的户或者三分之一以上的居民小组提议，应当召集居民会议。涉及全体居民利益的重要问题，居民委员会必须提请居民会议讨论决定。同时，《城市居民委员会组织法》还规定，居民委员会成员可以兼任下属的委员会的成员。人民调解委员会作为居民委员会的下属委员会，其成员可以由居民委员会的成员兼任。

3. 企业事业单位人民调解委员会委员的产生方式。企业事业单位人民调解委员会委员由职工大会、职工代表大会或者工会组织推选产生。职工大会一般是全体职工召开的会议。召开职工大会推选人民调解委员会委员适用于规模较小、人数较少的企业事业单位。职工代表大会是由职工代表组成，职工行使民主管理权力的机构。在选举职工代表时，一般应当充分考虑代表的广泛性。职工代表大会推选人民调解委员会委员时，既可以推选职工代表，也可以推选职工代表以外的其他人。工会是职工自愿结合的群众组织，是职工行使民主管理权力的机构。工会依照法律规定通过职工代表大会或者其他形式，组织职工参与本单位的民主选举、民主协商、民主决策、民主管理和民主监督。通过工会组织推选人民调解委员会委员，也是一种重要的产生方式。

4. 人民调解委员会委员的任期。人民调解委员会委员的任期规定为三年。人民调解委员会是基层群众性自治组织，人民调解是人民群众自己化解矛盾纠纷的重要形式。从事较长时间的人民调解工作也会积累一定的经验，因此，人民调解委员会委员可以连选连任，没有连任次数的限制。

第十条　【人民调解委员会的设立情况统计】县级人民政府司法行政部门应当对本行政区域内人民调解委员会的设立情况进行统计，并且将人民调解委员会以及人员组成和调整情况及时通报所在地基层人民法院。

条文注释

通过对人民调解委员会的设立及其变动情况的统计，可以反映人民调解委员会在某一时点上的规模、结构，分析某一特定时期内的动态和发展速度，以及工作开展的基本情况，为科学指导人民调解工作的健康发展提供重要依据。统计内容既包括人民调解委员会的设立情况，即人民调解委员会的设立时间、设立机构、名称、类型、驻在地和组成人员等；也包括人民调解委员会的变动情况，即名称变更情况，组织撤销、联合、分立情况，类型变更情况，组成人员变更情况等。对人民调解委员会的设立情况和变更情况，县级人民政府司法行政部门一般应在统计后半个月内通报给同级人民法院，便于其了解掌握相关情况。

第十一条　【人民调解委员会工作制度的建立健全和监督】人民调解委员会应当建立健全各项调解工作制度，听取群众意见，接受群众监督。

条文注释

人民调解工作在长期的实践中已经逐步形成了一整套行之有效的制度，《人民调解工作若干规定》对此进行了具体规定。本法对此作原则性规定，便于各地立足工作实际需要灵活确定。人民调解委员会工作制度内容主要包括岗位责任制、例会、学习、考评、业务登记、统计和档案管理等。人民调解委员会与人民群众的关系十分紧密，要认真听取群众的意见和建议，对纠纷苗头早介入、早解决，对其他问题区别情况，合理处置，切实维护群众合法权益。人民调解委员会的工作开展情况、经费使用情况等都要向群众公开，自觉接受监督。

第十二条　【人民调解委员会的工作保障】村民委员会、居民委员会和企业事业单位应当为人民调解委员会开展工作提供办公条件和必要的工作经费。

条文注释

国家有关部门先后出台了一系列政策和法规，对人民调解经费保障进行了规定，初步形成了国家财政和设立单位共同承担、互为补充的格局，提高了人民调解工作的保障能力，极大地激发了各级司法行政机关和广大人民调解员的工作积极性，收到了良好的社会效果。根据各地在实际工作中的情况，对人民调解委员会的保障范围应当包括：人民调解委员会的办公条件，主要包括人民调解委员会办公业务用房、办公桌椅、交通和通信设施等；人民调解委员会的工作经费，主要包括纸张、文具购置费，标识、印章、证件、胸章制作费，水、电、供暖费用，通信费、交通费，人民调解员补贴费等。

关联法规

《财政部、司法部关于进一步加强人民调解工作经费保障的意见》

第三章　人民调解员

第十三条　【人民调解员的产生】人民调解员由人民调解委员会委员和人民调解委员会聘任的人员担任。

条文注释

人民调解员既包括人民调解委员会的组成人员即人民调解委员会委员，也包括人民调解委员会聘任的调解员。《人民调解工作若干规定》第2条规定："人民调解委员会是调解民间纠纷的群众性组织。人民调解员是经群众选举或者接受聘任，在人民调解委员会领导下，从事人民调解工作的人员。人民调解委员会委员、调解员，统称人民调解员。"人民调解委员会委员是人民调解委员会组成人员，是当然的人民调解员。除人民调解委员会委员担任的人民调解员外，人民调解委员会还可以根据需要聘任部分具有专业知识、专业技能并符合本法第14条规定条件的人员担任人民调解员。这类聘用人员既可以是专职调解员，也可以是兼职调解员。根据本条规定，非人民调解委员会委员的人民调解员只能通过聘任方式产生。之所以作这个区分，其原因在于，人民调解委员会委员需要更强的代表性，不宜直接通过聘任确定。

关联法规

《人民调解工作若干规定》第2条

第十四条　【人民调解员的任职条件与业务培训】人民调解员应当由公道正派、热心人民调解工作,并具有一定文化水平、政策水平和法律知识的成年公民担任。

县级人民政府司法行政部门应当定期对人民调解员进行业务培训。

条文注释

1. 担任人民调解员的条件。根据本条规定,人民调解员应当具备下列条件:(1)公道正派。这是对人民调解员道德品质的要求。所谓公道正派,是指为人公道,作风正派,能够客观地分析判断事务,分清是非和责任,并敢于坚持原则,弘扬正气,主持正义,面对纠纷能够作出公正的评判,能够为当事人所信服。(2)热心人民调解工作。这是对人民调解员工作积极性方面的要求。热心人民调解工作,就是要热爱人民调解工作,积极、主动、耐心地从事人民调解工作,不在乎个人得失,勇于奉献。(3)具有一定的文化水平、政策水平和法律知识。乡镇(街道)人民调解委员会的调解员一般应具有高中以上学历。行业性、专业性人民调解委员会的调解员一般应具有大专以上学历,并具有相关行业、专业知识或工作经验。(4)人民调解员应当由成年公民担任。在我国,成年是指年龄达到18周岁。人民调解员应当具有完全的民事行为能力,能够胜任比处理一般事务更为复杂、技巧性更强的人民调解工作。

2. 人民调解员的业务培训。对人民调解员进行业务培训，应当有针对性，要以本法对人民调解员条件的要求为依据，着重树立人民调解员公道正派的工作作风，激发人民调解员对调解工作的热情，同时加强学习文化知识、政策知识和法律知识。培训形式宜多元化，可以采用现场授课、集中观看视频、听讲座、经验交流、知识测验和讲解等多种形式。县级人民政府司法行政部门应当开拓思路，创新培训形式，通过丰富多彩的培训形式提高人民调解员参加业务培训的主动性和积极性。

关联法规

《人民调解工作若干规定》

《司法部关于加强人民调解员队伍培训工作的意见》

第十五条 【对不良调解员的处理】人民调解员在调解工作中有下列行为之一的，由其所在的人民调解委员会给予批评教育、责令改正，情节严重的，由推选或者聘任单位予以罢免或者解聘：

（一）偏袒一方当事人的；

（二）侮辱当事人的；

（三）索取、收受财物或者牟取其他不正当利益的；

（四）泄露当事人的个人隐私、商业秘密的。

条文注释

本条是关于人民调解员行为规范的规定。

1. 人民调解员的行为规范。在人民调解过程中，人民调解员应当做到公平公正，坚持原则，廉洁自律，文明调解，保护当事人隐私和秘密，始终维护和尊重双方当事人的权利，保护群众的合法权益。在倡导人民调解员坚持正确做法的同时，为了进一步规范人民调解员的行为，明确责任，《人民调解法》明确规定了人民调解员不得从事如下行为。(1)不得偏袒一方当事人。人民调解的首要原则就是“平等原则”，它要求双方当事人作为平等的民事主体参与调解，要求人民调解员平等地对待双方当事人。只有做到平等对待双方当事人，才能建立一个化解民间纠纷的平台，才能使当事人自愿接受，做到案结事了。(2)不得侮辱当事人。人民调解是通过文明手段化解民间纠纷的方式，在人民调解过程中，任何不文明的行为都应当予以禁止。要将化解纠纷、息事宁人作为工作的目标，无论当事人的情绪和态度如何，人民调解员都应当保持理性、耐心疏导，为当事人作出表率。即使当事人确有不当言行，存在不文明行为，人民调解员也不能侮辱当事人。(3)不得索取、收受财物或者谋取其他不正当利益。人民调解员不得向当事人索要财物，也不得接受当事人主动给予的财物。需要强调的是，只要人民调解员有索取、收受财物或者谋取其他不正当利益的行为，无论其在调解过程中是否偏袒一方当事人，均构成本条禁止的行为。人民调解员从事调解工作应当公正廉洁，面对财物的诱惑，严格自律，不辜负群众的信任，依法公正地调解纠纷，树立人民调解员的良好形象。(4)不得泄露当事人的个人隐私、商业秘密。人民调解员在调解民间纠纷的过程中，特别是调解婚姻、家庭、邻里纠纷的时候,往往会接触到当事人的个人隐私。当事人愿意接受调解,是出于对人民调解员的信任。在调解过程中,无论当事人是否声明相关事实属于个人隐私,人民调解员均不能对外泄露,否则即属于侵犯当事人隐私权的行为。本法在第20条规定,人民调解员邀请当事人的亲属、邻里、同事以及具有专门知识、特定经验的人员或者有关社会组织的人员参与调解,应当征得当事人的同意,这也有对保护当事人隐私权的考虑。商业秘密包括非专利技术和经营信息两部分。如生产配方、工艺流程、技术诀窍、设计图纸等技术信息;管理方法、产销策略、客户名单、货源情报等经营信息。商业秘密关乎企业的竞争力,对企业的发展至关重要,有的甚至直接影响企业的生存。在我国,商业秘密是受到法律保护的。近年来,人民调解的工作领域不断拓展,调解的纠纷主体也由自然人拓展到法人和其他组织。这就使人民调解员在调解活动中能够接触到一些商业秘密,人民调解员有保守这些秘密的法定义务。

2. 人民调解员违反行为规范的法律后果。人民调解员有本条规定的四项行为之一的,当事人以及当事人以外的任何人均可以向人民调解委员会反映情况,人民调解委员会收到群众的反映或者发现人民调解员违反行为规范的,应当进行认真调查,经调查属实,情节轻微的,及时对人民调解员进行批评教育,责令其改正。当事人有过错的,应当同时对该当事人给予批评教育,并向其宣传国家法律、政策以及人民调解的原则等。人民调解员有本条规定的四项行为之一,情节严重,不适宜继续从事人民调解工作的,应当由推选或者聘任单位予以罢免或者解聘。

第十六条　【人民调解员的待遇】人民调解员从事调解工作，应当给予适当的误工补贴；因从事调解工作致伤致残，生活发生困难的，当地人民政府应当提供必要的医疗、生活救助；在人民调解工作岗位上牺牲的人民调解员，其配偶、子女按照国家规定享受抚恤和优待。

条文注释

本条是关于人民调解员待遇问题的规定。

人民调解员因从事调解工作受到经济损失、人身伤害，国家应当给予补贴和救助，这是政府和有关部门应尽的职责。

1. 人民调解员的误工补贴。根据本法第6条和第12条的规定，对人民调解员误工补贴的保障主体，应理解为县级以上地方人民政府和设立人民调解委员会的村民委员会、居民委员会、企业事业单位等，以县级以上地方人民政府财政保障为主，设立单位保障为辅，二者互为补充。补贴的标准主要是人民调解员从事调解工作直接造成的经济损失和人民调解员开展工作中的必要经济开支。

2. 对人民调解员的救助。救助适用的对象是因从事调解工作致伤致残，且生活发生困难的人民调解员。需要特别指出的是，并不仅局限于人民调解员在开展调解工作过程中致伤致残，也包括其他从事调解工作的情形，如在前往调解现场的途中遭遇交通事故，调解结束后被当事人打击报复等；救助实施的主体是当地人民政府，主要是县、市两级人民政府；救助的内容是必要的医疗、生活救助，这种责任是一种补充性的最低救助责任，是在调解员无法通过其他合理渠道得到救助时政府承担的责任，而非赔偿或补偿责任。

3. 人民调解员牺牲后的抚恤和优待。抚恤制度适用的对象为在人民调解工作岗位上牺牲的人民调解员，既包括在开展人民调解工作中被当事人故意或过失伤害致死的情形，也包括在人民调解工作岗位上遭遇意外牺牲的情形；抚恤和优待实施的主体是民政部门，由民政部门按照国家相关规定确定抚恤和优待的具体内容，如符合烈士标准的，应追授烈士称号，其配偶、子女享受烈属待遇；符合见义勇为情形的，应授予见义勇为先进个人荣誉称号并给予相应的抚恤金，等等。

第四章　调 解 程 序

第十七条　【调解程序的启动】当事人可以向人民调解委员会申请调解；人民调解委员会也可以主动调解。当事人一方明确拒绝调解的，不得调解。

条文注释

1. 当事人申请调解。发生纠纷后，可以由一方当事人向人民调解委员会申请调解，也可以由双方当事人共同申请调解，人民调解委员会均应当受理并及时安排调解员进行调解。此外，当事人的亲属、邻里、同事等也可以代其申请调解。当事人申请人民调解,既可以口头申请,也可以书面申请。人民调解委员会应当将当事人的申请记录在案。

2. 人民调解委员会主动调解。人民调解委员会主动介入调解,能够抓住化解矛盾纠纷的良好时机,使矛盾纠纷解决在萌芽状态。人民调解委员会可以定期对群众间的矛盾纠纷进行排查,发现纠纷及时化解,防止矛盾纠纷激化升级;基层人民法院、公安部门或者政府有关部门发现适宜通过人民调解方式解决的矛盾纠纷,也可以及时告知人民调解委员会,由人民调解委员会主动介入;人民调解员在调解纠纷时,可能发现相关联的其他矛盾纠纷,此时,人民调解委员会可以主动调解该纠纷;群众发现矛盾纠纷,可以向人民调解委员会反映,人民调解委员会认为适宜调解的,可以主动调解。

3. 当事人拒绝调解的处理。当事人明确拒绝调解主要有以下三种情形:一是一方当事人申请调解的,另一方当事人明确拒绝调解;二是双方当事人均未申请调解,人民调解委员会主动调解的,一方或者双方当事人明确拒绝调解;三是在调解的过程中,一方或者双方当事人明确拒绝调解。当事人拒绝调解,需要以明示的方式表达出来,即以口头或者书面的形式告知人民调解委员会或者人民调解员不愿接受调解或者不愿继续调解。当事人在情绪激动、心情恶劣的情况下,往往会拒绝调解。当事人拒绝调解或者拒绝继续调解的,人民调解员可以先对拒绝调解的当事人进行适当的规劝和疏导,告知其调解的好处,如果当事人一再明确拒绝调解,人民调解员应当终止调解。

第十八条 【人民调解与司法调解、行政调解三种方式的衔接】基层人民法院、公安机关对适宜通过人民调解方式解决的纠纷,可以在受理前告知当事人向人民调解委员会申请调解。

条文注释

本条是在总结近年来人民调解工作实践经验的基础上作出的规定。

本条坚持了调解优先的原则,解决了人民调解与司法调解、行政调解的衔接问题。一是通过在基层人民法院设立人民调解工作室,实现司法调解与人民调解的衔接。二是通过在公安派出所或交警队设立人民调解工作室,实现行政调解与人民调解的衔接。

准确理解本条规定,还应注意把握以下几个方面:

1. 告知当事人申请人民调解的主体是基层人民法院、公安机关。基层人民法院受理的民事纠纷,大量的是较为普通、标的额较小的纠纷,适宜通过人民调解解决。限定为基层公安机关的道理也是如此。

2. 只有对适宜通过人民调解方式解决的纠纷,才可以告知当事人向人民调解委员会申请调解。适宜通过人民调解方式解决的纠纷,主要是公民之间、公民与法人或者其他组织之间发生的涉及人身、财产权益的民事纠纷,且这些纠纷涉及的权利义务关系都是当事人能够自行处分的。人民调解委员会调解的案件类型主要包括:邻里纠纷、婚姻家庭纠纷、损害赔偿纠纷、土地承包纠纷、房屋宅基地纠纷、合同纠纷、劳动纠纷等。

3. 是否向人民调解委员会申请调解，由当事人自主决定。基层人民法院、公安机关告知当事人可以向人民调解委员会申请调解后，当事人拒绝申请调解的，对属于其管辖范围的案件，基层人民法院、公安机关应当及时受理，不得因为未经调解而不予受理。

4. 人民调解委员会接到当事人的申请后，应当受理，并尽快安排调解员对纠纷进行调解。调解不成的，应告知当事人可以通过仲裁、行政、司法等途径维护自己的权利。调解的结果，应当告知相关基层人民法院、公安机关。

第十九条 【人民调解员的选择】人民调解委员会根据调解纠纷的需要，可以指定一名或者数名人民调解员进行调解，也可以由当事人选择一名或者数名人民调解员进行调解。

条文注释

根据本条规定，确定调解纠纷的人民调解员的途径有两个：一是由人民调解委员会根据调解纠纷的需要，指定一名或者数名人民调解员进行调解；二是由当事人选择一名或者数名人民调解员进行调解。

1. 人民调解委员会根据调解纠纷的需要指定人民调解员。根据调解纠纷的需要指定人民调解员包括：根据纠纷的种类指定不同的人民调解员；根据纠纷当事人的身份特点指定适宜的人民调解员;根据纠纷的复杂程度、影响大小、紧迫与否指定适宜人民调解员。

人民调解委员会指定人民调解员的具体做法有以下三种:一是纠纷发生后,当事人尚未向人民调解委员会申请调解,人民调解委员会为了及时解决民间纠纷、维护社会和谐稳定,主动指定人民调解员进行调解;二是当事人向人民调解委员会申请调解,但没有选择人民调解员,由人民调解委员会指定人民调解员进行调解;三是当事人拒绝对方选择的人民调解员进行调解,无法就选择人民调解员达成共识,由人民调解委员会指定人民调解员进行调解。当事人对人民调解委员会指定的人民调解员没有明确表示拒绝的,人民调解员都可以进行调解。

2. 由当事人选择人民调解员调解。人民调解员是由村民会议或者村民代表会议、居民会议和职工大会、职工代表大会或者工会组织推选产生的,或者由人民调解委员会依法聘任的具有一定文化水平、政策水平和法律知识的人员。虽然人民调解员得到了人民群众的普遍认可,但在发生纠纷时,有的当事人还是希望能够由他们选择的人民调解员进行调解。实践中,有的人民调解员得到双方当事人的一致认可,被双方共同选择为解决纠纷的调解员,有的当事人考虑到人民调解员与对方当事人的亲情关系、朋友关系、师长关系等,不认可对方选择的人民调解员,选择了自己信任的人民调解员。为了保证人民调解的公平、公正,本条规定当事人可以选择一名或者数名人民调解员进行调解。也就是说,当事人可以共同选择一名或者数名人民调解员进行调解,也可以各自选择一名或者数名人民调解员进行调解。

第二十条　【调解活动的参与】人民调解员根据调解纠纷的需要，在征得当事人的同意后，可以邀请当事人的亲属、邻里、同事等参与调解，也可以邀请具有专门知识、特定经验的人员或者有关社会组织的人员参与调解。

人民调解委员会支持当地公道正派、热心调解、群众认可的社会人士参与调解。

条文注释

本条第1款规定，人民调解员根据调解纠纷的需要，在征得当事人的同意后，可以邀请当事人的亲属、邻里、同事等参与调解，也可以邀请具有专门知识、特定经验的人员或者有关社会组织的人员参与调解。这主要是基于人民调解工作发展的需要和人民调解的特点作出的规定。作出这一规定的意义在于：第一，便于化解民间纠纷。在民间纠纷的调解过程中，由于当事人的亲属、邻里、同事等往往更了解当事人，与当事人有特殊的感情关系，由他们参与调解进而对当事人进行说服引导，有利于及时、有效地化解矛盾。第二，便于纠纷的正确解决。由于人民调解所涉及的纠纷越来越广泛，处理某些争议需要相关专业知识和特定经验，由具有专门知识、特定经验的人员参与调解，有利于正确、妥当地解决纠纷。《人民调解委员会组织条例》第7条规定，人民调解委员会调解纠纷，可以邀请有关单位和个人参加，被邀请的单位和个人应当给予支持。

本条第2款规定，人民调解委员会支持当地公道正派、热心调解、群众认可的社会人士参与调解。人民调解委员会应当支持有关社会人士参与调解，在社会人士主动参与调解的情况下，人民调解委员会应当采取积极的态度，为其参与调解提供便利和条件。需要说明的是，这里的“社会人士”不仅包括中国公民，也包括在华的外籍人士。随着我国国际交往不断增多，尤其是很多外国人由于投资、经商、工作、留学、婚姻等各种原因在华居留，其间也可能发生各种民间纠纷，包括外国居留者之间或者外国居留者与我国居民之间的民间纠纷。在民间纠纷当事人中有外国居留者的情形下，由既了解外国当事人的法律观念或者风俗习惯，也了解我国法律、政策的外籍人士参与调解，可以更为妥善、顺利地通过人民调解的方式解决纠纷。

关联法规

《人民调解委员会组织条例》第7条

第二十一条 【调解公正与调解及时原则】人民调解员调解民间纠纷，应当坚持原则，明法析理，主持公道。

调解民间纠纷，应当及时、就地进行，防止矛盾激化。

条文注释

1. 人民调解员调解民间纠纷，应当坚持原则。本法第3条对人民调解委员会调解民间纠纷应当遵循的原则作了规定：在当事人自愿、平等的基础上进行调解；不违背法律、法规和国家政策；尊重当事人权利，不得因调解而阻止当事人依法通过仲裁、行政、司法等途径维护自己的权利。

2. 人民调解员调解民间纠纷，应当明法析理。如果人民调解员能够把法律的规定诠释透彻，把案情同法律规定有机地结合起来对照分析，当事人就很容易接受。对于法律没有规定的问题，如果人民调解员也能够结合国家政策、公序良俗讲解，当事人也会接受或认可人民调解员的建议，妥善了结纠纷。地方政府司法行政部门应当强化人民调解组织建设，定期对人民调解员进行业务培训，提高人民调解员素质，确保调解工作有效进行。

3. 人民调解员调解民间纠纷，应当主持公道。本法规定的人民调解员调解民间纠纷应当遵循的原则之一，就是在当事人自愿、平等的基础上进行调解。本法第 22 条还要求人民调解员根据纠纷的不同情况，可以采取多种方式调解民间纠纷，充分听取当事人的陈述，讲解有关法律、法规和国家政策，在当事人平等协商、互谅互让的基础上提出纠纷解决方案，帮助当事人自愿达成调解协议。

4. 调解民间纠纷，应当及时、就地进行，防止矛盾激化。本法的立法目的之一就是及时解决民间纠纷，维护社会和谐稳定。从实践来看，正确调解民间纠纷，很重要的一点就是要及时准确地掌握纠纷事件的真相，掌握纠纷当事人的心理。调解民间纠纷，应当就地进行，可以有效防止矛盾的激化。人民调解程序的设计应当简单易行，方便群众，以及时就地调解为一般要求，除专门的调解工作场所以外，田间、地头、炕头都可以是开展调解工作的场所，口头协议、书面协议都是有法律效力的人民调解协议。这样一来，就可能使大量的民间纠纷解决在基层，将不安定的隐患消灭在萌芽，从而有效地化解矛盾,维护社会和谐稳定。

第二十二条 【调解的灵活性原则】人民调解员根据纠纷的不同情况,可以采取多种方式调解民间纠纷,充分听取当事人的陈述,讲解有关法律、法规和国家政策,耐心疏导,在当事人平等协商、互谅互让的基础上提出纠纷解决方案,帮助当事人自愿达成调解协议。

条文注释

1. 人民调解员要根据纠纷的不同情况,采用多种方式调解。针对纠纷的不同情况采取灵活的方式,有利于调解工作的顺利进行。对相对简单的纠纷,人民调解员可以帮助当事人进行分析,提供参考意见和方案,促进当事人达成调解;对相对复杂、矛盾尖锐的纠纷,人民调解员在调解纠纷过程中,发现纠纷有可能激化的,应当采取有针对性的预防措施;对有可能引起治安案件、刑事案件的纠纷,应当及时向当地公安机关或者其他有关部门报告;人民调解员在调解纠纷过程中,发现纠纷不属于人民调解范围或者调解不成的,应当终止调解,并依据有关法律、法规的规定,告知当事人可以依法通过仲裁、行政、司法等途径维护自己的权利。

2. 充分听取当事人的陈述。人民调解员在调解过程中,应当充分耐心听取双方当事人对事实和理由的陈述,询问产生纠纷的有关情况,了解当事人的真实意思和要求,不能偏听偏信,主观臆断,更不能在没有充分听取当事人陈述的情况下,贸然提出意见和解决方案。本法没有对调解中的证据问题作出明确规定，当事人在陈述事实和理由时，可以提供相应的证据，以帮助人民调解员弄清事实，但没有提供证据的，不妨碍调解工作的进行，人民调解员也不得据此停止或者拒绝调解。人民调解员也可以主动调查有关事实。

3. 讲解有关法律、法规和国家政策。人民调解员在调解过程中，需要根据法律、法规和国家政策，摆事实，讲道理，真正做到以理服人。当事人有不正当要求和不切实际的愿望的，人民调解员要学会运用法律、法规和国家政策，适时指出当事人主观意愿的不合理性或者违法性以及将会造成的严重后果，引导其权衡利弊，以正确的心态对待纠纷所涉及的问题。

4. 耐心疏导。在调解过程中，调解人员应具备基本的思想素质，要坚持做到耐心、诚心、公心和责任心，赢得理解与信任。由于一些民事纠纷的尖锐性、复杂性以及处理过程中表现出来的矛盾对立性、多变性，人民调解员应在事实的基础上，根据法律和国家政策，耐心疏导，说服教育，做到以理服人。人民调解员可以提出调解意见和方案，但不能强迫当事人接受自己的主张。

5. 在当事人平等协商、互谅互让的基础上提出纠纷解决方案。人民调解员在调解过程中必须公平、公正，不偏不倚，要在充分听取当事人的陈述，讲解有关法律、法规和国家政策，耐心疏导，引导双方当事人平等协商、互谅互让的基础上，根据双方当事人的意愿，提出纠纷解决方案。

6. 帮助当事人自愿达成调解协议。当事人达成调解协议应当是双方自愿的，调解协议的内容反映双方当事人的真实意愿。调解内容涉及双方当事人具体权利义务的，人民调解员应当尊重当事人按照自己的意愿进行处理。人民调解员的调解方案和意见不能强加于人，否则即使达成了调解协议，也可能得不到履行，达不到定分止争的目的。

第二十三条 【当事人的权利】当事人在人民调解活动中享有下列权利：

（一）选择或者接受人民调解员；

（二）接受调解、拒绝调解或者要求终止调解；

（三）要求调解公开进行或者不公开进行；

（四）自主表达意愿、自愿达成调解协议。

条文注释

人民调解制度中的当事人权利，就是当事人意思自治原则在调解程序中的具体体现，主要有以下四项：(1)选择或者接受人民调解员。根据本法第三章的规定，可供当事人选择和接受的人民调解员，包括经推选产生的人民调解委员会委员和人民调解委员会根据需要聘任的符合本法规定条件的调解员。此外，人民调解员应当由公道正派、热心人民调解工作，并具有一定文化水平、政策水平和法律知识的成年公民担任。(2)接受调解、拒绝调解或者要求终止调解。在整个调解程序中，当事人的意思对调解具有决定性作用。当事人不仅有权选择和接受人民调解员对其纠纷进行中立调解，并且还有权在调解程序的任一阶段提出终止调解的要求，当事人一旦要求终止调解,调解即告结束。(3)要求调解公开进行或者不公开进行。当事人要求调解不公开进行的,应予准许。调解当事人主要通过协商的方式解决纠纷,其纠纷往往涉及各方面的商业秘密和个人隐私,即使不构成商业秘密或者个人隐私的一些信息,当事人也不愿对外公开,在这种情况下,公开调解反而成为调解成功的障碍。(4)自主表达意愿、自愿达成调解协议。在调解过程中,人民调解员要善于倾听双方当事人的意见,由当事人自主、充分地表达意愿。只有将调解过程建立在当事人自主、充分表达意愿的基础上,才能够真正查清事实真相,找出纠纷发生的原因和争执的焦点,最终对双方当事人达成调解协议、化解纠纷起到积极作用。在人民调解委员会的主持下,经过双方当事人自主表达意愿、多轮商讨、互谅互让,最终双方自愿达成一致意见而达成的协议即调解协议。人民调解委员会主持下达成的调解协议对当事人具有约束力。调解协议主要靠当事人的诚信自觉履行,经人民法院司法确认的有效调解协议,还具有强制执行力。

第二十四条　【当事人的义务】当事人在人民调解活动中履行下列义务:

(一)如实陈述纠纷事实;

(二)遵守调解现场秩序,尊重人民调解员;

(三)尊重对方当事人行使权利。

条文注释

根据本条规定,当事人在人民调解活动中须履行以下三项义务:(1)如实陈述纠纷事实。只有如实陈述纠纷事实,才能让人民调解员了解纠纷的事实真相,弄清事实、分清是非,找到纠纷的症结,进行调解工作,从而达成调解协议、解决纠纷。当事人虚假陈述事实只能降低调解效率。《人民调解工作若干规定》第7条规定,在人民调解活动中,纠纷当事人承担如实陈述纠纷事实,不得提供虚假证明材料的义务。(2)遵守调解现场秩序,尊重人民调解员。良好的调解现场秩序是保证人民调解委员会和人民调解员顺利进行人民调解活动的前提,只有在良好的调解现场秩序下,人民调解委员会和人民调解员才能清楚地听取当事人陈述,了解纠纷事实、分清是非,并在此基础上对当事人之间的纠纷进行居中调解,才能达成调解协议,顺利解决纠纷。人民调解员作为当事人之间纠纷的倾听者、调和者主持人民调解的整个过程,在调解过程中,当事人应当尊重人民调解员,不得侮辱、诽谤、威胁、殴打人民调解员。(3)尊重对方当事人行使权利。在人民调解过程中,双方当事人同等享有本法第23条规定的权利。任何一方当事人均应尊重对方当事人行使上述权利,这也是一方当事人享有权利时对方当事人及其他人应履行的义务。双方当事人要依照法律规定约束自己的行为,只有规定当事人应尊重对方当事人行使权利,才能从另一方面保障各方当事人的这些权利落到实处。

关联法规

《人民调解工作若干规定》第7条

第二十五条　【人民调解员的能动性】人民调解员在调解纠纷过程中，发现纠纷有可能激化的，应当采取有针对性的预防措施；对有可能引起治安案件、刑事案件的纠纷，应当及时向当地公安机关或者其他有关部门报告。

条文注释

进行人民调解工作，人民调解员要根据不同类型矛盾纠纷的特点，认真分析每一起矛盾纠纷发生的原因，采取有针对性的调解方法，扎实细致地做好调解工作，及时化解矛盾纠纷。人民调解员要明确责任，注重预防，立足抓小、抓早、抓苗头，认真做好矛盾纠纷排查调处工作，努力把矛盾纠纷化解在萌芽状态。对可能激化的纠纷，人民调解员应当及时发现，有针对性地采取措施，做到预警在先、教育在先、控制在先、早作处理。对人民调解委员会调解不了、有关部门一时难以解决的矛盾纠纷，人民调解委员会和人民调解员要配合党委、政府和有关部门做好教育、疏导和转化工作，引导群众自觉守法，依法维护自身的合法权益，防止过激行为，维护社会稳定。对可能引起治安案件、刑事案件的纠纷，发现苗头后，人民调解员应当及时向人民调解委员会通报，并及时向当地公安机关或者其他有关部门报告，防止矛盾纠纷激化引起治安案件和刑事案件的发生。

第二十六条 【调解不成的处理】人民调解员调解纠纷，调解不成的，应当终止调解，并依据有关法律、法规的规定，告知当事人可以依法通过仲裁、行政、司法等途径维护自己的权利。

条文注释

纠纷调解不成主要有以下两种情形：(1)不属于人民调解的范围。《人民调解工作若干规定》第22条规定："人民调解委员会不得受理调解下列纠纷：(一)法律、法规规定只能由专门机关管辖处理的，或者法律、法规禁止采用民间调解方式解决的；(二)人民法院、公安机关或者其他行政机关已经受理或者解决的。"(2)当事人拒绝调解、提前终止调解或者当事人未能就调解协议达成一致。调解不成的因素主要有：当事人一方态度消极，没有耐心协商，或者是斤斤计较，或者是恶意借此拖延纠纷解决过程，导致调解程序的滥用；调解效力的权威性不够；调解组织本身力量的薄弱和局限或者人民调解员解决纠纷的能力不足；当事人对最终结果寄予希望过高，协议难以达成；当事人自身素质等。

关联法规

《人民调解工作若干规定》第22条

第二十七条 【调解案件的立档、归档问题】人民调解员应当记录调解情况。人民调解委员会应当建立调解工作档案，将调解登记、调解工作记录、调解协议书等材料立卷归档。

条文注释

人民调解工作档案，是人民调解员在进行调解活动中形成并归档的具有备考利用价值的文字、图表、声像等不同形式或者载体的文件材料，是人民调解工作的真实记录。调解工作档案应当包括：(1)调解网络组成人员名册；(2)会议记录、政治业务学习记录；(3)矛盾纠纷受理、调处情况登记本；(4)矛盾纠纷调解卷宗；(5)每月报表、半年报表和全年报表以及半年、全年工作总结；(6)矛盾纠纷集中排查调处相关材料；(7)其他应当归档的文件、材料。

矛盾纠纷调处结束后，形成卷宗，一案一卷。调解卷宗一般包括：(1)卷宗封面。(2)卷宗目录。(3)调解申请书（书面或者口头申请笔录）。(4)和当事人谈话记录。(5)调查材料和证据材料。(6)调查笔录。(7)调解协议书及底稿。调解简易矛盾纠纷未制作书面调解协议书的，调解委员会应填写《民间纠纷受理调解登记表》。(8)回访情况和办结报告记录。(9)附卷材料。由各调解组织装订成册，建立统计档案，妥善保管备查。

人民调解工作应当重视和加强档案管理工作，建立健全有关调解文件材料的收集整理、立卷归档、保管利用等各项规章制度，并自觉接受司法行政机关和档案管理部门的监督和指导。

第五章　调 解 协 议

第二十八条　【调解协议的达成】经人民调解委员会调解达成调解协议的,可以制作调解协议书。当事人认为无需制作调解协议书的,可以采取口头协议方式,人民调解员应当记录协议内容。

条文注释

经调解当事人达成协议的方式有两种:(1)制作调解协议书。调解协议书是人民调解委员会调解民间纠纷,双方当事人达成调解协议的书面证明。产生纠纷的当事人,经人民调解委员会调解后达成调解协议的,调解委员会应当制作调解协议书。调解协议书一般需由双方当事人签名、盖章或者按指印,人民调解员签名并加盖人民调解委员会印章。(2)达成口头协议。本法没有对口头协议的形式作出规定,但由于本法第33条规定了司法确认程序,司法确认针对的是调解协议,并非只针对调解协议书,因此,为了与法律规定相衔接,尽管是口头协议,但是在达成口头协议后,人民调解员也要将口头协议的内容记录在卷。

第二十九条　【调解协议书的内容】调解协议书可以载明下列事项:

(一)当事人的基本情况;

（二）纠纷的主要事实、争议事项以及各方当事人的责任；

（三）当事人达成调解协议的内容，履行的方式、期限。

调解协议书自各方当事人签名、盖章或者按指印，人民调解员签名并加盖人民调解委员会印章之日起生效。调解协议书由当事人各执一份，人民调解委员会留存一份。

条文注释

1. 调解协议书可以载明的事项。调解协议书的内容是双方协商自愿达成的，是对民间纠纷进行调解后达成协议的书面证明。在调解协议书中最好将双方当事人达成的权利义务内容、履行协议的方式与期限等相关事项载明。调解协议书可以载明下列事项：(1)当事人的基本情况。在调解协议中，一般首先要写明当事人的基本情况，包括姓名、职业、年龄、住址等；如果是婚姻家庭纠纷，也可以将当事人之间的关系载明，如夫妻、婆媳、兄弟姐妹等。(2)纠纷的主要事实、争议事项以及各方当事人的责任。当事人愿意达成调解协议的，可以在调解书上将如何引起的纠纷，为什么引起的纠纷，是谁引起的纠纷等基本情况写上，以便分清是非与责任。(3)当事人达成调解协议的内容，履行的方式、期限。调解协议的内容主要是当事人双方要怎样解决纠纷；履行的方式、期限要看属于哪类纠纷，如果是债务纠纷，则可以写明是一次性付清还是分次付清，是通过银行还是直接交付或是由某人转交，在什么时间交付等。履行的方式和期限与当事人的利益密切相关，也可以说是解决纠纷的关键，一般要在调解协议中写明。

2.调解协议书的生效。调解协议书自各方当事人签名、盖章或者按指印,人民调解员签名并加盖人民调解委员会印章之日起生效。在当事人签名、盖章或者按指印时,会对协议的内容作出考虑,体现当事人对协议内容的确认,只有在自愿的情况下,才会签名、盖章或者按指印,继而履行协议。人民调解员签名并加盖人民调解委员会印章,一方面,表明调解协议是在经过人民调解员调解后达成的;另一方面,也是对协议内容的确认。

第三十条 【口头调解协议的生效日期】口头调解协议自各方当事人达成协议之日起生效。

条文注释

口头调解协议,是指双方当事人在人民调解员的主持下,平等协商、互谅互让,以口头形式就纠纷的解决方案达成一致。口头调解协议自各方当事人达成协议之日起生效。准确理解调解协议的生效日期非常重要,调解协议生效即意味着协议中约定的权利义务对当事人发生效力,当事人享有协议中约定的权利,并需要履行约定的义务。

第三十一条 【调解协议书的效力】经人民调解委员会调解达成的调解协议,具有法律约束力,当事人应当按照约定履行。

人民调解委员会应当对调解协议的履行情况进行监督,督促当事人履行约定的义务。

条文注释

本条规定调解协议对双方当事人具有法律约束力。调解协议是双方当事人自愿达成的，调解协议能否得到双方当事人的自觉履行，主要看调解协议的内容是不是双方真实意思的反映；如果调解协议反映了双方的真实意思，协议内容公平合理，在绝大多数情况下，协议会得到双方当事人的自觉履行。一方当事人不履行的，对方当事人可以要求其履行，也可以请求人民调解委员会督促其履行。在人民调解员的主持下达成调解协议，并不意味着纠纷的彻底解决，只有当事人完全履行了调解协议中约定的义务，才能最终实现案结事了。《人民调解工作若干规定》第 36 条第 2 款规定："人民调解委员会应当对调解协议的履行情况适时进行回访，并就履行情况做出记录。"发现当事人有未完全履行调解协议情况的，人民调解委员会将积极采取措施，进一步做好当事人的说服工作，督促其及时履行，如果发现调解协议的内容确有不当，在征得双方当事人同意后，也可以再次调解变更原协议或者撤销原协议，达成新的调解协议。

在理解这一规定时需要认识到，人民调解委员会的职责只能"督促"当事人履行调解协议，如果当事人仍然拒绝履行，人民调解委员会不能"强制"当事人履行，只能根据本法第 32 条和第 33 条的规定，建议另一方当事人向人民法院提起诉讼或以其他方式解决纠纷。

关联法规

《人民调解工作若干规定》第 36 条第 2 款

第三十二条 【调解协议达成后的司法救济】经人民调解委员会调解达成调解协议后，当事人之间就调解协议的履行或者调解协议的内容发生争议的，一方当事人可以向人民法院提起诉讼。

条文注释

1. 向人民法院提起诉讼的前提是，当事人在调解协议达成后，对调解协议的履行或者调解协议的内容发生争议。对调解协议的履行产生争议的主要原因，有的是当事人不愿意履行或者履行不符合约定；有的是在订立调解协议时，当事人对履行的期限、方式等约定不够明确等。对调解内容产生争议的主要原因，有的是当事人认为在订立调解协议时存在误解；有的是当事人认为订立的协议显失公平；有的是当事人认为自己是在受欺诈、胁迫等情况下订立的调解协议等。

2. 对调解协议的履行或者内容产生争议的解决途径。如果当事人在调解协议达成后就调解协议的履行或者调解协议的内容发生争议，那么当事人有两种选择：一是根据人民调解的特点和当事人自愿的原则，当事人可以向人民调解委员会申请解决。二是如果当事人不愿意通过人民调解解决有关调解协议的履行或者调解协议的内容产生的争议问题，那么当事人可以向人民法院提起诉讼。需要注意的是，本条规定当事人“可以”向人民法院提起诉讼，这有两层含义：一是当事人就调解协议的履行和调解协议的内容产生争议时,向人民法院提起诉讼是当事人一项法定的权利。二是意味着当事人的一种选择权,既可以向人民法院就原纠纷提起诉讼,也可以通过其他合法途径,如通过人民调解委员会、仲裁机构或者基层政府、行政机关解决其原纠纷争议。

3. 当事人向人民法院提起诉讼。当事人就原纠纷提起诉讼,应当向有管辖权的人民法院起诉。对公民提起民事诉讼,由被告住所地人民法院管辖;被告住所地与经常居住地不一致的,由经常居住地人民法院管辖。对法人或者其他组织提起民事诉讼,由被告住所地人民法院管辖。同一诉讼的几个被告住所地、经常居住地在两个以上人民法院辖区的,各人民法院都有管辖权。如果原纠纷涉及合同纠纷,则由被告住所地或者合同履行地人民法院管辖;如果原纠纷涉及侵权行为,由侵权行为地或者被告住所地的人民法院管辖;如果原纠纷涉及不动产,由不动产所在地的人民法院管辖。

第三十三条 【人民调解协议的司法确认】经人民调解委员会调解达成调解协议后,双方当事人认为有必要的,可以自调解协议生效之日起三十日内共同向人民法院申请司法确认,人民法院应当及时对调解协议进行审查,依法确认调解协议的效力。

人民法院依法确认调解协议有效,一方当事人拒绝履行或者未全部履行的,对方当事人可以向人民法院申请强制执行。

人民法院依法确认调解协议无效的,当事人可以通过人民调解方式变更原调解协议或者达成新的调解协议，也可以向人民法院提起诉讼。

条文注释

本条有以下几层含义：

1. 双方共同申请司法确认。调解协议生效后，如果当事人想通过人民法院确认调解协议的效力，应当共同申请。“司法确认”是对已经生效的调解协议的审查，并不是调解协议生效的必经程序。强调“双方当事人认为有必要”和“共同申请”体现了人民调解的自愿原则。

2. 司法确认程序。当事人申请确认调解协议，应当向人民法院提交司法确认申请书、调解协议和身份证明、资格证明，以及与调解协议相关的财产权利证明等证明材料，并提供双方当事人的送达地址、电话号码等联系方式。委托他人代为申请的，必须向人民法院提交由委托人签名或者盖章的授权委托书。人民法院收到当事人司法确认申请，应当在三日内决定是否受理。人民法院决定受理的，应当编立“调确字”案号，并及时向当事人送达受理通知书。双方当事人同时到法院申请司法确认的，人民法院可以当即受理并作出是否确认的决定。

3. 审查结果。人民法院受理司法确认申请后，应当指定一名审判人员对调解协议进行审查。人民法院在审查中，认为当事人的陈述或者提供的证明材料不充分、不完备或者有疑义的，可以要求当事人补充陈述或者补充证明材料。

4. 司法确认的效力。人民法院经审查认为调解协议符合确认条件的，应当作出确认决定书；决定不予确认调解协议效力的，应当作出不予确认决定书。人民法院依法作出确认决定后，一方当事人拒绝履行或者未全部履行的，对方当事人可以向作出确认决定的人民法院申请强制执行。

关联法规

《最高人民法院关于人民调解协议司法确认程序的若干规定》

第六章　附　　则

第三十四条　【人民调解委员会的参照设立】乡镇、街道以及社会团体或者其他组织根据需要可以参照本法有关规定设立人民调解委员会，调解民间纠纷。

条文注释

本条充分考虑了我国民间纠纷的特点和人民调解工作的实际情况，适应了社会发展的需要，有利于更加及时、有效地预防和化解民间纠纷，维护社会稳定。乡镇、街道以及社会团体或者其他组织根据需要设立人民调解委员会，调解民间纠纷，应当参照《人民调解法》规定的调解民间纠纷的原则，接受相关部门的指导，其人民调解员应当符合相关条件，不得违反相关制度等。

1. 乡镇、街道人民调解委员会主要调解村(居)人民调解委员会或者企业事业单位人民调解委员会难以调解的疑难、复杂民间纠纷和跨地区、跨单位的民间纠纷。对于一些跨区域的纠纷，当事人可以选择由乡镇、街道人民调解委员会调解，也可以选择由多个村(居)人民调解委员会、企业事业单位人民调解委员会共同调解。对于村(居)人民调解委员会、企业事业单位人民调解委员会调解不成的纠纷，当事人可以依法通过其他途径解决，无须再申请乡镇、街道人民调解委员会调解。

2. 社会团体或者其他组织依法设立的人民调解委员会。社会团体或者其他组织设立的人民调解委员会的人民调解员大多具有与纠纷相关的专业知识，熟悉相关纠纷的特点，比较容易获得纠纷当事人的认同，能够更加有效地调解相关纠纷，充分化解社会矛盾。社会团体或者其他组织依法设立的人民调解委员会，主要调解相关地域性、行业性纠纷。例如，消费者协会设立的人民调解委员会主要调解有关的消费纠纷，交通事故纠纷人民调解委员会主要调解交通事故纠纷，集贸市场人民调解委员会主要调解本集贸市场内的相关纠纷等。

第三十五条 【施行日期】本法自 2011 年 1 月 1 日起施行。

条文注释

本条是关于《人民调解法》施行日期的规定。

附录一　相关规定

中华人民共和国宪法

（1982年12月4日第五届全国人民代表大会第五次会议通过　1982年12月4日全国人民代表大会公告公布施行　根据1988年4月12日第七届全国人民代表大会第一次会议通过的《中华人民共和国宪法修正案》、1993年3月29日第八届全国人民代表大会第一次会议通过的《中华人民共和国宪法修正案》、1999年3月15日第九届全国人民代表大会第二次会议通过的《中华人民共和国宪法修正案》、2004年3月14日第十届全国人民代表大会第二次会议通过的《中华人民共和国宪法修正案》和2018年3月11日第十三届全国人民代表大会第一次会议通过的《中华人民共和国宪法修正案》修正）

目　　录

序　言

中国是世界上历史最悠久的国家之一。中国各族人民共同创造了光辉灿烂的文化,具有光荣的革命传统。

一八四〇年以后,封建的中国逐渐变成半殖民地、半封建的国家。中国人民为国家独立、民族解放和民主自由进行了前仆后继的英勇奋斗。

二十世纪,中国发生了翻天覆地的伟大历史变革。

一九一一年孙中山先生领导的辛亥革命,废除了封建帝制,创立了中华民国。但是,中国人民反对帝国主义和封建主义的历史任务还没有完成。

一九四九年,以毛泽东主席为领袖的中国共产党领导中国各族人民,在经历了长期的艰难曲折的武装斗争和其他形式的斗争以后,终于推翻了帝国主义、封建主义和官僚资本主义的统治,取得了新民主主义革命的伟大胜利,建立了中华人民共和国。从此,中国人民掌握了国家的权力,成为国家的主人。

中华人民共和国成立以后,我国社会逐步实现了由新民主主义到社会主义的过渡。生产资料私有制的社会主义改造已经完成,人剥削人的制度已经消灭,社会主义制度已经确立。工人阶级领导的、以工农联盟为基础的人民民主专政,实质上即无产阶级专政,得到巩固和发展。中国人民和中国人民解放军战胜了帝国主义、霸权主义的侵略、破坏和武装挑衅,维护了国家的独立和安全,增强了国防。经济建设取得了重大的成就,独立的、比较完整的社会主义工业体系已经基本形成,农业生产显著提高。教育、科学、文化等事业有了很大的发展,社会主义思想教育取得了明显的成效。广大人民的生活有了较大的改善。

中国新民主主义革命的胜利和社会主义事业的成就,是中国共产党领导中国各族人民,在马克思列宁主义、毛泽东思想的指引下,坚持真理,修正错误,战胜许多艰难险阻而取得的。我国将长期处于社会主义初级阶段。国家的根本任务是,沿着中国特色社会主义道路,集中力量进行社会主义现代化建设。中国各族人民将继续在中国共产党领导下,在马克思列宁主义、毛泽东思想、邓小平理论、"三个代表"重要思想、科学发展观、习近平新时代中国特色社会主义思想指引下,坚持人民民主专政,坚持社会主义道路,坚持改革开放,不断完善社会主义的各项制度,发展社会主义市场经济,发展社会主义民主,健全社会主义法治,贯彻新发展理念,自力更生,艰苦奋斗,逐步实现工业、农业、国防和科学技术的现代化,推动物质文明、政治文明、精神文明、社会文明、生态文明协调发展,把我国建设成为富强民主文明和谐美丽的社会主义现代化强国,实现中华民族伟大复兴。

在我国,剥削阶级作为阶级已经消灭,但是阶级斗争还将在一定范围内长期存在。中国人民对敌视和破坏我国社会主义制度的国内外的敌对势力和敌对分子,必须进行斗争。

台湾是中华人民共和国的神圣领土的一部分。完成统一祖国的大业是包括台湾同胞在内的全中国人民的神圣职责。

社会主义的建设事业必须依靠工人、农民和知识分子,团结一切可以团结的力量。在长期的革命、建设、改革过程中,已经结成由中国共产党领导的,有各民主党派和各人民团体参加的,包括全体社会主义劳动者、社会主义事业的建设者、拥护社会主义的爱国者、拥护祖国统一和致力于中华民族伟大复兴的爱国者的广泛的爱国统一战线,这个统一战线将继续巩固和发展。中国人民政治协商会议是有广泛代表性的统一战线组织,过去发挥了重要的历史作用，今后在国家政治生活、社会生活和对外友好活动中，在进行社会主义现代化建设、维护国家的统一和团结的斗争中，将进一步发挥它的重要作用。中国共产党领导的多党合作和政治协商制度将长期存在和发展。

中华人民共和国是全国各族人民共同缔造的统一的多民族国家。平等团结互助和谐的社会主义民族关系已经确立，并将继续加强。在维护民族团结的斗争中，要反对大民族主义，主要是大汉族主义，也要反对地方民族主义。国家尽一切努力，促进全国各民族的共同繁荣。

中国革命、建设、改革的成就是同世界人民的支持分不开的。中国的前途是同世界的前途紧密地联系在一起的。中国坚持独立自主的对外政策，坚持互相尊重主权和领土完整、互不侵犯、互不干涉内政、平等互利、和平共处的五项原则，坚持和平发展道路，坚持互利共赢开放战略，发展同各国的外交关系和经济、文化交流，推动构建人类命运共同体；坚持反对帝国主义、霸权主义、殖民主义，加强同世界各国人民的团结，支持被压迫民族和发展中国家争取和维护民族独立、发展民族经济的正义斗争，为维护世界和平和促进人类进步事业而努力。

本宪法以法律的形式确认了中国各族人民奋斗的成果，规定了国家的根本制度和根本任务，是国家的根本法，具有最高的法律效力。全国各族人民、一切国家机关和武装力量、各政党和各社会团体、各企业事业组织，都必须以宪法为根本的活动准则，并且负有维护宪法尊严、保证宪法实施的职责。

第一章　总　　纲

第一条　【国体】中华人民共和国是工人阶级领导的、以工农联盟为基础的人民民主专政的社会主义国家。

社会主义制度是中华人民共和国的根本制度。中国共产党领导是中国特色社会主义最本质的特征。禁止任何组织或者个人破坏社会主义制度。

第二条 【政体】中华人民共和国的一切权力属于人民。

人民行使国家权力的机关是全国人民代表大会和地方各级人民代表大会。

人民依照法律规定,通过各种途径和形式,管理国家事务,管理经济和文化事业,管理社会事务。

第三条 【民主集中制原则】中华人民共和国的国家机构实行民主集中制的原则。

全国人民代表大会和地方各级人民代表大会都由民主选举产生,对人民负责,受人民监督。

国家行政机关、监察机关、审判机关、检察机关都由人民代表大会产生,对它负责,受它监督。

中央和地方的国家机构职权的划分,遵循在中央的统一领导下,充分发挥地方的主动性、积极性的原则。

第四条 【民族政策】中华人民共和国各民族一律平等。国家保障各少数民族的合法的权利和利益,维护和发展各民族的平等团结互助和谐关系。禁止对任何民族的歧视和压迫,禁止破坏民族团结和制造民族分裂的行为。

国家根据各少数民族的特点和需要,帮助各少数民族地区加速经济和文化的发展。

各少数民族聚居的地方实行区域自治,设立自治机关,行使自治权。各民族自治地方都是中华人民共和国不可分离的部分。

各民族都有使用和发展自己的语言文字的自由,都有保持或者改革自己的风俗习惯的自由。

第五条 【法治原则】中华人民共和国实行依法治国,建设社会主义法治国家。

国家维护社会主义法制的统一和尊严。

一切法律、行政法规和地方性法规都不得同宪法相抵触。

一切国家机关和武装力量、各政党和各社会团体、各企业事业组织都必须遵守宪法和法律。一切违反宪法和法律的行为，必须予以追究。

任何组织或者个人都不得有超越宪法和法律的特权。

第六条　【经济制度与分配制度】中华人民共和国的社会主义经济制度的基础是生产资料的社会主义公有制，即全民所有制和劳动群众集体所有制。社会主义公有制消灭人剥削人的制度，实行各尽所能、按劳分配的原则。

国家在社会主义初级阶段，坚持公有制为主体、多种所有制经济共同发展的基本经济制度，坚持按劳分配为主体、多种分配方式并存的分配制度。

第七条　【国有经济】国有经济，即社会主义全民所有制经济，是国民经济中的主导力量。国家保障国有经济的巩固和发展。

第八条　【集体经济】农村集体经济组织实行家庭承包经营为基础、统分结合的双层经营体制。农村中的生产、供销、信用、消费等各种形式的合作经济，是社会主义劳动群众集体所有制经济。参加农村集体经济组织的劳动者，有权在法律规定的范围内经营自留地、自留山、家庭副业和饲养自留畜。

城镇中的手工业、工业、建筑业、运输业、商业、服务业等行业的各种形式的合作经济，都是社会主义劳动群众集体所有制经济。

国家保护城乡集体经济组织的合法的权利和利益，鼓励、指导和帮助集体经济的发展。

第九条　【自然资源的归属与利用】矿藏、水流、森林、山岭、草原、荒地、滩涂等自然资源，都属于国家所有，即全民所有；由法律规定属于集体所有的森林和山岭、草原、荒地、滩涂除外。

国家保障自然资源的合理利用，保护珍贵的动物和植物。禁止任何组织或者个人用任何手段侵占或者破坏自然资源。

第十条　【土地制度】城市的土地属于国家所有。

农村和城市郊区的土地，除由法律规定属于国家所有的以外，属于集体所有;宅基地和自留地、自留山,也属于集体所有。

国家为了公共利益的需要,可以依照法律规定对土地实行征收或者征用并给予补偿。

任何组织或者个人不得侵占、买卖或者以其他形式非法转让土地。土地的使用权可以依照法律的规定转让。

一切使用土地的组织和个人必须合理地利用土地。

第十一条 【个体经济、私营经济】在法律规定范围内的个体经济、私营经济等非公有制经济,是社会主义市场经济的重要组成部分。

国家保护个体经济、私营经济等非公有制经济的合法的权利和利益。国家鼓励、支持和引导非公有制经济的发展,并对非公有制经济依法实行监督和管理。

第十二条 【保护公共财产】社会主义的公共财产神圣不可侵犯。

国家保护社会主义的公共财产。禁止任何组织或者个人用任何手段侵占或者破坏国家的和集体的财产。

第十三条 【保护私有财产】公民的合法的私有财产不受侵犯。

国家依照法律规定保护公民的私有财产权和继承权。

国家为了公共利益的需要,可以依照法律规定对公民的私有财产实行征收或者征用并给予补偿。

第十四条 【发展生产与社会保障】国家通过提高劳动者的积极性和技术水平,推广先进的科学技术,完善经济管理体制和企业经营管理制度,实行各种形式的社会主义责任制,改进劳动组织,以不断提高劳动生产率和经济效益,发展社会生产力。

国家厉行节约,反对浪费。

国家合理安排积累和消费,兼顾国家、集体和个人的利益,在发展生产的基础上,逐步改善人民的物质生活和文化生活。

国家建立健全同经济发展水平相适应的社会保障制度。

第十五条 【社会主义市场经济】国家实行社会主义市场经济。

国家加强经济立法，完善宏观调控。

国家依法禁止任何组织或者个人扰乱社会经济秩序。

第十六条 【国有企业】国有企业在法律规定的范围内有权自主经营。

国有企业依照法律规定，通过职工代表大会和其他形式，实行民主管理。

第十七条 【集体经济组织】集体经济组织在遵守有关法律的前提下，有独立进行经济活动的自主权。

集体经济组织实行民主管理，依照法律规定选举和罢免管理人员，决定经营管理的重大问题。

第十八条 【外资经济】中华人民共和国允许外国的企业和其他经济组织或者个人依照中华人民共和国法律的规定在中国投资，同中国的企业或者其他经济组织进行各种形式的经济合作。

在中国境内的外国企业和其他外国经济组织以及中外合资经营的企业，都必须遵守中华人民共和国的法律。它们的合法的权利和利益受中华人民共和国法律的保护。

第十九条 【教育事业】国家发展社会主义的教育事业，提高全国人民的科学文化水平。

国家举办各种学校，普及初等义务教育，发展中等教育、职业教育和高等教育，并且发展学前教育。

国家发展各种教育设施，扫除文盲，对工人、农民、国家工作人员和其他劳动者进行政治、文化、科学、技术、业务的教育，鼓励自学成才。

国家鼓励集体经济组织、国家企业事业组织和其他社会力量依照法律规定举办各种教育事业。

国家推广全国通用的普通话。

第二十条 【科技事业】国家发展自然科学和社会科学事业，普及科学和技术知识，奖励科学研究成果和技术发明创造。

第二十一条 【医疗卫生与体育事业】国家发展医疗卫生事业，发展现代医药和我国传统医药，鼓励和支持农村集体经济组织、国家企业事业组织和街道组织举办各种医疗卫生设施，开展群众性的卫生活动，保护人民健康。

国家发展体育事业，开展群众性的体育活动，增强人民体质。

第二十二条　【文化事业】国家发展为人民服务、为社会主义服务的文学艺术事业、新闻广播电视事业、出版发行事业、图书馆博物馆文化馆和其他文化事业，开展群众性的文化活动。

国家保护名胜古迹、珍贵文物和其他重要历史文化遗产。

第二十三条　【人才培养】国家培养为社会主义服务的各种专业人才，扩大知识分子的队伍，创造条件，充分发挥他们在社会主义现代化建设中的作用。

第二十四条　【精神文明建设】国家通过普及理想教育、道德教育、文化教育、纪律和法制教育，通过在城乡不同范围的群众中制定和执行各种守则、公约，加强社会主义精神文明的建设。

国家倡导社会主义核心价值观，提倡爱祖国、爱人民、爱劳动、爱科学、爱社会主义的公德，在人民中进行爱国主义、集体主义和国际主义、共产主义的教育，进行辩证唯物主义和历史唯物主义的教育，反对资本主义的、封建主义的和其他的腐朽思想。

第二十五条　【计划生育】国家推行计划生育，使人口的增长同经济和社会发展计划相适应。

第二十六条　【生活、生态环境】国家保护和改善生活环境和生态环境，防治污染和其他公害。

国家组织和鼓励植树造林，保护林木。

第二十七条　【国家机关工作原则及工作人员就职宣誓】一切国家机关实行精简的原则，实行工作责任制，实行工作人员的培训和考核制度，不断提高工作质量和工作效率，反对官僚主义。

一切国家机关和国家工作人员必须依靠人民的支持，经常保持同人民的密切联系，倾听人民的意见和建议，接受人民的监督，努力为人民服务。

国家工作人员就职时应当依照法律规定公开进行宪法宣誓。

第二十八条　【社会秩序维护】国家维护社会秩序，镇压叛国和其他危害国家安全的犯罪活动，制裁危害社会治安、破坏社会主义经济和其他犯罪的活动，惩办和改造犯罪分子。

第二十九条　【武装力量】中华人民共和国的武装力量属于人民。它的任务是巩固国防，抵抗侵略，保卫祖国，保卫人民的和平劳动，参加国家建设事业，努力为人民服务。

国家加强武装力量的革命化、现代化、正规化的建设，增强国防力量。

第三十条　【行政区划】中华人民共和国的行政区域划分如下：

（一）全国分为省、自治区、直辖市；

（二）省、自治区分为自治州、县、自治县、市；

（三）县、自治县分为乡、民族乡、镇。

直辖市和较大的市分为区、县。自治州分为县、自治县、市。

自治区、自治州、自治县都是民族自治地方。

第三十一条　【特别行政区】国家在必要时得设立特别行政区。在特别行政区内实行的制度按照具体情况由全国人民代表大会以法律规定。

第三十二条　【对外国人的保护】中华人民共和国保护在中国境内的外国人的合法权利和利益，在中国境内的外国人必须遵守中华人民共和国的法律。

中华人民共和国对于因为政治原因要求避难的外国人，可以给予受庇护的权利。

第二章　公民的基本权利和义务

第三十三条　【公民资格及其平等权】凡具有中华人民共和国国籍的人都是中华人民共和国公民。

中华人民共和国公民在法律面前一律平等。

国家尊重和保障人权。

任何公民享有宪法和法律规定的权利,同时必须履行宪法和法律规定的义务。

第三十四条　【参选权】中华人民共和国年满十八周岁的公民,不分民族、种族、性别、职业、家庭出身、宗教信仰、教育程度、财产状况、居住期限,都有选举权和被选举权;但是依照法律被剥夺政治权利的人除外。

第三十五条　【基本政治自由】中华人民共和国公民有言论、出版、集会、结社、游行、示威的自由。

第三十六条　【宗教信仰自由】中华人民共和国公民有宗教信仰自由。

任何国家机关、社会团体和个人不得强制公民信仰宗教或者不信仰宗教,不得歧视信仰宗教的公民和不信仰宗教的公民。

国家保护正常的宗教活动。任何人不得利用宗教进行破坏社会秩序、损害公民身体健康、妨碍国家教育制度的活动。

宗教团体和宗教事务不受外国势力的支配。

第三十七条　【人身自由】中华人民共和国公民的人身自由不受侵犯。

任何公民,非经人民检察院批准或者决定或者人民法院决定,并由公安机关执行,不受逮捕。

禁止非法拘禁和以其他方法非法剥夺或者限制公民的人身自由,禁止非法搜查公民的身体。

第三十八条　【人格尊严权】中华人民共和国公民的人格尊严不受侵犯。禁止用任何方法对公民进行侮辱、诽谤和诬告陷害。

第三十九条　【住宅权】中华人民共和国公民的住宅不受侵犯。禁止非法搜查或者非法侵入公民的住宅。

第四十条　【通信自由和秘密权】中华人民共和国公民的通信自由和通信秘密受法律的保护。除因国家安全或者追查刑事犯罪的需要,由公安机关或者检察机关依照法律规定的程序对通信进行检查外,任何组织或者个人不得以任何理由侵犯公民的通信自由和通信秘密。

第四十一条 **【监督权】**中华人民共和国公民对于任何国家机关和国家工作人员,有提出批评和建议的权利;对于任何国家机关和国家工作人员的违法失职行为,有向有关国家机关提出申诉、控告或者检举的权利,但是不得捏造或者歪曲事实进行诬告陷害。

对于公民的申诉、控告或者检举,有关国家机关必须查清事实,负责处理。任何人不得压制和打击报复。

由于国家机关和国家工作人员侵犯公民权利而受到损失的人,有依照法律规定取得赔偿的权利。

第四十二条 **【劳动权利义务】**中华人民共和国公民有劳动的权利和义务。

国家通过各种途径,创造劳动就业条件,加强劳动保护,改善劳动条件,并在发展生产的基础上,提高劳动报酬和福利待遇。

劳动是一切有劳动能力的公民的光荣职责。国有企业和城乡集体经济组织的劳动者都应当以国家主人翁的态度对待自己的劳动。国家提倡社会主义劳动竞赛,奖励劳动模范和先进工作者。国家提倡公民从事义务劳动。

国家对就业前的公民进行必要的劳动就业训练。

第四十三条 **【劳动者的休息权】**中华人民共和国劳动者有休息的权利。

国家发展劳动者休息和休养的设施,规定职工的工作时间和休假制度。

第四十四条 **【退休制度】**国家依照法律规定实行企业事业组织的职工和国家机关工作人员的退休制度。退休人员的生活受到国家和社会的保障。

第四十五条 **【社会保障权利】**中华人民共和国公民在年老、疾病或者丧失劳动能力的情况下,有从国家和社会获得物质帮助的权利。国家发展为公民享受这些权利所需要的社会保险、社会救济和医疗卫生事业。

国家和社会保障残废军人的生活,抚恤烈士家属,优待军人家属。

国家和社会帮助安排盲、聋、哑和其他有残疾的公民的劳动、生活和教育。

第四十六条 【受教育权利义务】中华人民共和国公民有受教育的权利和义务。

国家培养青年、少年、儿童在品德、智力、体质等方面全面发展。

第四十七条 【文化活动权】中华人民共和国公民有进行科学研究、文学艺术创作和其他文化活动的自由。国家对于从事教育、科学、技术、文学、艺术和其他文化事业的公民的有益于人民的创造性工作,给以鼓励和帮助。

第四十八条 【男女平等权】中华人民共和国妇女在政治的、经济的、文化的、社会的和家庭的生活等各方面享有同男子平等的权利。

国家保护妇女的权利和利益,实行男女同工同酬,培养和选拔妇女干部。

第四十九条 【婚姻家庭制度】婚姻、家庭、母亲和儿童受国家的保护。

夫妻双方有实行计划生育的义务。

父母有抚养教育未成年子女的义务,成年子女有赡养扶助父母的义务。

禁止破坏婚姻自由,禁止虐待老人、妇女和儿童。

第五十条 【华侨、归侨的权益保障】中华人民共和国保护华侨的正当的权利和利益,保护归侨和侨眷的合法的权利和利益。

第五十一条 【公民自由和权利的限度】中华人民共和国公民在行使自由和权利的时候,不得损害国家的、社会的、集体的利益和其他公民的合法的自由和权利。

第五十二条 【维护国家统一和民族团结的义务】中华人民共和国公民有维护国家统一和全国各民族团结的义务。

第五十三条 【遵纪守法的义务】中华人民共和国公民必须遵守宪法和法律,保守国家秘密,爱护公共财产,遵守劳动纪律,遵守公共秩序,尊重社会公德。

第五十四条 【维护祖国的安全、荣誉和利益的义务】中华人民共和国公民有维护祖国的安全、荣誉和利益的义务,不得有危害祖国的安全、荣誉和利益的行为。

第五十五条　【保卫国家和服兵役的义务】保卫祖国、抵抗侵略是中华人民共和国每一个公民的神圣职责。

依照法律服兵役和参加民兵组织是中华人民共和国公民的光荣义务。

第五十六条　【纳税的义务】中华人民共和国公民有依照法律纳税的义务。

第三章　国家机构

第一节　全国人民代表大会

第五十七条　【全国人大的性质及常设机关】中华人民共和国全国人民代表大会是最高国家权力机关。它的常设机关是全国人民代表大会常务委员会。

第五十八条　【国家立法权的行使主体】全国人民代表大会和全国人民代表大会常务委员会行使国家立法权。

第五十九条　【全国人大的组成及选举】全国人民代表大会由省、自治区、直辖市、特别行政区和军队选出的代表组成。各少数民族都应当有适当名额的代表。

全国人民代表大会代表的选举由全国人民代表大会常务委员会主持。

全国人民代表大会代表名额和代表产生办法由法律规定。

第六十条　【全国人大的任期】全国人民代表大会每届任期五年。

全国人民代表大会任期届满的两个月以前，全国人民代表大会常务委员会必须完成下届全国人民代表大会代表的选举。如果遇到不能进行选举的非常情况，由全国人民代表大会常务委员会以全体组成人员的三分之二以上的多数通过，可以推迟选举，延长本届全国人民代表大会的任期。在非常情况结束后一年内，必须完成下届全国人民代表大会代表的选举。

第六十一条　【全国人大的会议制度】全国人民代表大会会议每年举行

一次，由全国人民代表大会常务委员会召集。如果全国人民代表大会常务委员会认为必要，或者有五分之一以上的全国人民代表大会代表提议，可以临时召集全国人民代表大会会议。

全国人民代表大会举行会议的时候，选举主席团主持会议。

第六十二条 【全国人大的职权】全国人民代表大会行使下列职权：

（一）修改宪法；

（二）监督宪法的实施；

（三）制定和修改刑事、民事、国家机构的和其他的基本法律；

（四）选举中华人民共和国主席、副主席；

（五）根据中华人民共和国主席的提名，决定国务院总理的人选；根据国务院总理的提名，决定国务院副总理、国务委员、各部部长、各委员会主任、审计长、秘书长的人选；

（六）选举中央军事委员会主席；根据中央军事委员会主席的提名，决定中央军事委员会其他组成人员的人选；

（七）选举国家监察委员会主任；

（八）选举最高人民法院院长；

（九）选举最高人民检察院检察长；

（十）审查和批准国民经济和社会发展计划和计划执行情况的报告；

（十一）审查和批准国家的预算和预算执行情况的报告；

（十二）改变或者撤销全国人民代表大会常务委员会不适当的决定；

（十三）批准省、自治区和直辖市的建置；

（十四）决定特别行政区的设立及其制度；

（十五）决定战争和和平的问题；

（十六）应当由最高国家权力机关行使的其他职权。

第六十三条 【全国人大的罢免权】全国人民代表大会有权罢免下列人员：

（一）中华人民共和国主席、副主席；

（二）国务院总理、副总理、国务委员、各部部长、各委员会主任、审计长、秘书长；

（三）中央军事委员会主席和中央军事委员会其他组成人员；

（四）国家监察委员会主任；

（五）最高人民法院院长；

（六）最高人民检察院检察长。

第六十四条　【宪法的修改及法律案的通过】宪法的修改，由全国人民代表大会常务委员会或者五分之一以上的全国人民代表大会代表提议，并由全国人民代表大会以全体代表的三分之二以上的多数通过。

法律和其他议案由全国人民代表大会以全体代表的过半数通过。

第六十五条　【全国人大常委会的组成及组成原则】全国人民代表大会常务委员会由下列人员组成：

委员长，

副委员长若干人，

秘书长，

委员若干人。

全国人民代表大会常务委员会组成人员中，应当有适当名额的少数民族代表。

全国人民代表大会选举并有权罢免全国人民代表大会常务委员会的组成人员。

全国人民代表大会常务委员会的组成人员不得担任国家行政机关、监察机关、审判机关和检察机关的职务。

第六十六条　【全国人大常委会的任期】全国人民代表大会常务委员会每届任期同全国人民代表大会每届任期相同，它行使职权到下届全国人民代表大会选出新的常务委员会为止。

委员长、副委员长连续任职不得超过两届。

第六十七条　【全国人大常委会的职权】全国人民代表大会常务委员会

行使下列职权：

（一）解释宪法，监督宪法的实施；

（二）制定和修改除应当由全国人民代表大会制定的法律以外的其他法律；

（三）在全国人民代表大会闭会期间，对全国人民代表大会制定的法律进行部分补充和修改，但是不得同该法律的基本原则相抵触；

（四）解释法律；

（五）在全国人民代表大会闭会期间，审查和批准国民经济和社会发展计划、国家预算在执行过程中所必须作的部分调整方案；

（六）监督国务院、中央军事委员会、国家监察委员会、最高人民法院和最高人民检察院的工作；

（七）撤销国务院制定的同宪法、法律相抵触的行政法规、决定和命令；

（八）撤销省、自治区、直辖市国家权力机关制定的同宪法、法律和行政法规相抵触的地方性法规和决议；

（九）在全国人民代表大会闭会期间，根据国务院总理的提名，决定部长、委员会主任、审计长、秘书长的人选；

（十）在全国人民代表大会闭会期间，根据中央军事委员会主席的提名，决定中央军事委员会其他组成人员的人选；

（十一）根据国家监察委员会主任的提请，任免国家监察委员会副主任、委员；

（十二）根据最高人民法院院长的提请，任免最高人民法院副院长、审判员、审判委员会委员和军事法院院长；

（十三）根据最高人民检察院检察长的提请，任免最高人民检察院副检察长、检察员、检察委员会委员和军事检察院检察长，并且批准省、自治区、直辖市的人民检察院检察长的任免；

（十四）决定驻外全权代表的任免；

（十五）决定同外国缔结的条约和重要协定的批准和废除；

（十六）规定军人和外交人员的衔级制度和其他专门衔级制度；

（十七）规定和决定授予国家的勋章和荣誉称号；

（十八）决定特赦；

（十九）在全国人民代表大会闭会期间，如果遇到国家遭受武装侵犯或者必须履行国际间共同防止侵略的条约的情况，决定战争状态的宣布；

（二十）决定全国总动员或者局部动员；

（二十一）决定全国或者个别省、自治区、直辖市进入紧急状态；

（二十二）全国人民代表大会授予的其他职权。

第六十八条　【全国人大常委会委员长及委员长会议】全国人民代表大会常务委员会委员长主持全国人民代表大会常务委员会的工作，召集全国人民代表大会常务委员会会议。副委员长、秘书长协助委员长工作。

委员长、副委员长、秘书长组成委员长会议，处理全国人民代表大会常务委员会的重要日常工作。

第六十九条　【全国人大与其常委会的关系】全国人民代表大会常务委员会对全国人民代表大会负责并报告工作。

第七十条　【全国人大的专门委员会及其职责】全国人民代表大会设立民族委员会、宪法和法律委员会、财政经济委员会、教育科学文化卫生委员会、外事委员会、华侨委员会和其他需要设立的专门委员会。在全国人民代表大会闭会期间，各专门委员会受全国人民代表大会常务委员会的领导。

各专门委员会在全国人民代表大会和全国人民代表大会常务委员会领导下，研究、审议和拟订有关议案。

第七十一条　【特定问题的调查委员会】全国人民代表大会和全国人民代表大会常务委员会认为必要的时候，可以组织关于特定问题的调查委员会，并且根据调查委员会的报告，作出相应的决议。

调查委员会进行调查的时候，一切有关的国家机关、社会团体和公民都有义务向它提供必要的材料。

第七十二条　【提案权】全国人民代表大会代表和全国人民代表大会常

务委员会组成人员,有权依照法律规定的程序分别提出属于全国人民代表大会和全国人民代表大会常务委员会职权范围内的议案。

第七十三条　【质询权】全国人民代表大会代表在全国人民代表大会开会期间,全国人民代表大会常务委员会组成人员在常务委员会开会期间,有权依照法律规定的程序提出对国务院或者国务院各部、各委员会的质询案。受质询的机关必须负责答复。

第七十四条　【司法豁免权】全国人民代表大会代表,非经全国人民代表大会会议主席团许可,在全国人民代表大会闭会期间非经全国人民代表大会常务委员会许可,不受逮捕或者刑事审判。

第七十五条　【言论、表决豁免权】全国人民代表大会代表在全国人民代表大会各种会议上的发言和表决,不受法律追究。

第七十六条　【全国人大代表的义务】全国人民代表大会代表必须模范地遵守宪法和法律,保守国家秘密,并且在自己参加的生产、工作和社会活动中,协助宪法和法律的实施。

全国人民代表大会代表应当同原选举单位和人民保持密切的联系,听取和反映人民的意见和要求,努力为人民服务。

第七十七条　【对全国人大代表的监督和罢免】全国人民代表大会代表受原选举单位的监督。原选举单位有权依照法律规定的程序罢免本单位选出的代表。

第七十八条　【全国人大及其常委会的组织和工作程序】全国人民代表大会和全国人民代表大会常务委员会的组织和工作程序由法律规定。

第二节　中华人民共和国主席

第七十九条　【主席、副主席的选举及任期】中华人民共和国主席、副主席由全国人民代表大会选举。

有选举权和被选举权的年满四十五周岁的中华人民共和国公民可以被选为中华人民共和国主席、副主席。

中华人民共和国主席、副主席每届任期同全国人民代表大会每届任期相同。

第八十条 【主席的对内事务职权】中华人民共和国主席根据全国人民代表大会的决定和全国人民代表大会常务委员会的决定，公布法律，任免国务院总理、副总理、国务委员、各部部长、各委员会主任、审计长、秘书长，授予国家的勋章和荣誉称号，发布特赦令，宣布进入紧急状态，宣布战争状态，发布动员令。

第八十一条 【主席的外交职权】中华人民共和国主席代表中华人民共和国，进行国事活动，接受外国使节；根据全国人民代表大会常务委员会的决定，派遣和召回驻外全权代表，批准和废除同外国缔结的条约和重要协定。

第八十二条 【副主席的职权】中华人民共和国副主席协助主席工作。

中华人民共和国副主席受主席的委托，可以代行主席的部分职权。

第八十三条 【主席、副主席的任职期限】中华人民共和国主席、副主席行使职权到下届全国人民代表大会选出的主席、副主席就职为止。

第八十四条 【主席、副主席的缺位处理】中华人民共和国主席缺位的时候，由副主席继任主席的职位。

中华人民共和国副主席缺位的时候，由全国人民代表大会补选。

中华人民共和国主席、副主席都缺位的时候，由全国人民代表大会补选；在补选以前，由全国人民代表大会常务委员会委员长暂时代理主席职位。

第三节 国 务 院

第八十五条 【国务院的性质、地位】中华人民共和国国务院，即中央人民政府，是最高国家权力机关的执行机关，是最高国家行政机关。

第八十六条 【国务院的组成】国务院由下列人员组成：

总理，

副总理若干人，

国务委员若干人，

各部部长，

各委员会主任，

审计长，

秘书长。

国务院实行总理负责制。各部、各委员会实行部长、主任负责制。

国务院的组织由法律规定。

第八十七条 【国务院的任期】国务院每届任期同全国人民代表大会每届任期相同。

总理、副总理、国务委员连续任职不得超过两届。

第八十八条 【国务院的工作分工】总理领导国务院的工作。副总理、国务委员协助总理工作。

总理、副总理、国务委员、秘书长组成国务院常务会议。

总理召集和主持国务院常务会议和国务院全体会议。

第八十九条 【国务院的职权】国务院行使下列职权：

（一）根据宪法和法律，规定行政措施，制定行政法规，发布决定和命令；

（二）向全国人民代表大会或者全国人民代表大会常务委员会提出议案；

（三）规定各部和各委员会的任务和职责，统一领导各部和各委员会的工作，并且领导不属于各部和各委员会的全国性的行政工作；

（四）统一领导全国地方各级国家行政机关的工作，规定中央和省、自治区、直辖市的国家行政机关的职权的具体划分；

（五）编制和执行国民经济和社会发展计划和国家预算；

（六）领导和管理经济工作和城乡建设、生态文明建设；

（七）领导和管理教育、科学、文化、卫生、体育和计划生育工作；

（八）领导和管理民政、公安、司法行政等工作；

（九）管理对外事务，同外国缔结条约和协定；

（十）领导和管理国防建设事业；

（十一）领导和管理民族事务，保障少数民族的平等权利和民族自治地方的自治权利；

（十二）保护华侨的正当的权利和利益，保护归侨和侨眷的合法的权利和利益；

（十三）改变或者撤销各部、各委员会发布的不适当的命令、指示和规章；

（十四）改变或者撤销地方各级国家行政机关的不适当的决定和命令；

（十五）批准省、自治区、直辖市的区域划分，批准自治州、县、自治县、市的建置和区域划分；

（十六）依照法律规定决定省、自治区、直辖市的范围内部分地区进入紧急状态；

（十七）审定行政机构的编制，依照法律规定任免、培训、考核和奖惩行政人员；

（十八）全国人民代表大会和全国人民代表大会常务委员会授予的其他职权。

第九十条　【各部、委首长负责制及各部、委的决定权】国务院各部部长、各委员会主任负责本部门的工作；召集和主持部务会议或者委员会会议、委务会议，讨论决定本部门工作的重大问题。

各部、各委员会根据法律和国务院的行政法规、决定、命令，在本部门的权限内，发布命令、指示和规章。

第九十一条　【审计机关及其职权】国务院设立审计机关，对国务院各部门和地方各级政府的财政收支，对国家的财政金融机构和企业事业组织的财务收支，进行审计监督。

审计机关在国务院总理领导下，依照法律规定独立行使审计监督权，不受其他行政机关、社会团体和个人的干涉。

第九十二条　【国务院与全国人大及其常委会的关系】国务院对全国人民代表大会负责并报告工作;在全国人民代表大会闭会期间,对全国人民代表大会常务委员会负责并报告工作。

第四节　中央军事委员会

第九十三条　【中央军委的职责、组成与任期】中华人民共和国中央军事委员会领导全国武装力量。

中央军事委员会由下列人员组成:

主席,

副主席若干人,

委员若干人。

中央军事委员会实行主席负责制。

中央军事委员会每届任期同全国人民代表大会每届任期相同。

第九十四条　【中央军委主席对全国人大及其常委会负责】中央军事委员会主席对全国人民代表大会和全国人民代表大会常务委员会负责。

第五节　地方各级人民代表大会和地方各级人民政府

第九十五条　【地方人大及政府的设置和组织】省、直辖市、县、市、市辖区、乡、民族乡、镇设立人民代表大会和人民政府。

地方各级人民代表大会和地方各级人民政府的组织由法律规定。

自治区、自治州、自治县设立自治机关。自治机关的组织和工作根据宪法第三章第五节、第六节规定的基本原则由法律规定。

第九十六条　【地方人大的性质及常委会的设置】地方各级人民代表大会是地方国家权力机关。

县级以上的地方各级人民代表大会设立常务委员会。

第九十七条　【地方人大代表的选举】省、直辖市、设区的市的人民代表大会代表由下一级的人民代表大会选举；县、不设区的市、市辖区、乡、民族乡、镇的人民代表大会代表由选民直接选举。

地方各级人民代表大会代表名额和代表产生办法由法律规定。

第九十八条　【地方人大的任期】地方各级人民代表大会每届任期五年。

第九十九条　【地方人大的职权】地方各级人民代表大会在本行政区域内，保证宪法、法律、行政法规的遵守和执行；依照法律规定的权限，通过和发布决议，审查和决定地方的经济建设、文化建设和公共事业建设的计划。

县级以上的地方各级人民代表大会审查和批准本行政区域内的国民经济和社会发展计划、预算以及它们的执行情况的报告；有权改变或者撤销本级人民代表大会常务委员会不适当的决定。

民族乡的人民代表大会可以依照法律规定的权限采取适合民族特点的具体措施。

第一百条　【地方性法规的制定】省、直辖市的人民代表大会和它们的常务委员会，在不同宪法、法律、行政法规相抵触的前提下，可以制定地方性法规，报全国人民代表大会常务委员会备案。

设区的市的人民代表大会和它们的常务委员会，在不同宪法、法律、行政法规和本省、自治区的地方性法规相抵触的前提下，可以依照法律规定制定地方性法规，报本省、自治区人民代表大会常务委员会批准后施行。

第一百零一条　【地方人大的选举权和罢免权】地方各级人民代表大会分别选举并且有权罢免本级人民政府的省长和副省长、市长和副市长、县长和副县长、区长和副区长、乡长和副乡长、镇长和副镇长。

县级以上的地方各级人民代表大会选举并且有权罢免本级监察委员会主任、本级人民法院院长和本级人民检察院检察长。选出或者罢免人民检察院检察长，须报上级人民检察院检察长提请该级人民代表大会常务委员会批准。

第一百零二条　【对地方人大代表的监督和罢免】省、直辖市、设区的市的人民代表大会代表受原选举单位的监督；县、不设区的市、市辖区、乡、民族乡、镇的人民代表大会代表受选民的监督。

地方各级人民代表大会代表的选举单位和选民有权依照法律规定的程序罢免由他们选出的代表。

第一百零三条　【地方人大常委会的组成、地位及职务禁止】县级以上的地方各级人民代表大会常务委员会由主任、副主任若干人和委员若干人组成，对本级人民代表大会负责并报告工作。

县级以上的地方各级人民代表大会选举并有权罢免本级人民代表大会常务委员会的组成人员。

县级以上的地方各级人民代表大会常务委员会的组成人员不得担任国家行政机关、监察机关、审判机关和检察机关的职务。

第一百零四条　【地方人大常委会的职权】县级以上的地方各级人民代表大会常务委员会讨论、决定本行政区域内各方面工作的重大事项；监督本级人民政府、监察委员会、人民法院和人民检察院的工作；撤销本级人民政府的不适当的决定和命令；撤销下一级人民代表大会的不适当的决议；依照法律规定的权限决定国家机关工作人员的任免；在本级人民代表大会闭会期间，罢免和补选上一级人民代表大会的个别代表。

第一百零五条　【地方政府的性质、地位及其负责制】地方各级人民政府是地方各级国家权力机关的执行机关，是地方各级国家行政机关。

地方各级人民政府实行省长、市长、县长、区长、乡长、镇长负责制。

第一百零六条　【地方政府的任期】地方各级人民政府每届任期同本级人民代表大会每届任期相同。

第一百零七条　【地方政府的职权】县级以上地方各级人民政府依照法律规定的权限，管理本行政区域内的经济、教育、科学、文化、卫生、体育事业、城乡建设事业和财政、民政、公安、民族事务、司法行政、计划生育等行政工作，发布决定和命令，任免、培训、考核和奖惩行政工作人员。

乡、民族乡、镇的人民政府执行本级人民代表大会的决议和上级国家行政机关的决定和命令,管理本行政区域内的行政工作。

省、直辖市的人民政府决定乡、民族乡、镇的建置和区域划分。

第一百零八条 【地方政府内部及各级政府之间的关系】县级以上的地方各级人民政府领导所属各工作部门和下级人民政府的工作,有权改变或者撤销所属各工作部门和下级人民政府的不适当的决定。

第一百零九条 【地方政府审计机关的地位和职权】县级以上的地方各级人民政府设立审计机关。地方各级审计机关依照法律规定独立行使审计监督权,对本级人民政府和上一级审计机关负责。

第一百一十条 【地方政府与同级人大、上级政府的关系】地方各级人民政府对本级人民代表大会负责并报告工作。县级以上的地方各级人民政府在本级人民代表大会闭会期间,对本级人民代表大会常务委员会负责并报告工作。

地方各级人民政府对上一级国家行政机关负责并报告工作。全国地方各级人民政府都是国务院统一领导下的国家行政机关,都服从国务院。

第一百一十一条 【居民委员会和村民委员会】城市和农村按居民居住地区设立的居民委员会或者村民委员会是基层群众性自治组织。居民委员会、村民委员会的主任、副主任和委员由居民选举。居民委员会、村民委员会同基层政权的相互关系由法律规定。

居民委员会、村民委员会设人民调解、治安保卫、公共卫生等委员会,办理本居住地区的公共事务和公益事业,调解民间纠纷,协助维护社会治安,并且向人民政府反映群众的意见、要求和提出建议。

第六节 民族自治地方的自治机关

第一百一十二条 【民族自治机关】民族自治地方的自治机关是自治区、自治州、自治县的人民代表大会和人民政府。

第一百一十三条 【自治地方的人大及其常委会的组成】自治区、自治州、自治县的人民代表大会中,除实行区域自治的民族的代表外,其他居住在本行政区域内的民族也应当有适当名额的代表。

自治区、自治州、自治县的人民代表大会常务委员会中应当有实行区域自治的民族的公民担任主任或者副主任。

第一百一十四条　【自治地方的政府首长的人选】自治区主席、自治州州长、自治县县长由实行区域自治的民族的公民担任。

第一百一十五条　【民族自治地方的自治权】自治区、自治州、自治县的自治机关行使宪法第三章第五节规定的地方国家机关的职权，同时依照宪法、民族区域自治法和其他法律规定的权限行使自治权，根据本地方实际情况贯彻执行国家的法律、政策。

第一百一十六条　【自治条例和单行条例】民族自治地方的人民代表大会有权依照当地民族的政治、经济和文化的特点，制定自治条例和单行条例。自治区的自治条例和单行条例，报全国人民代表大会常务委员会批准后生效。自治州、自治县的自治条例和单行条例，报省或者自治区的人民代表大会常务委员会批准后生效，并报全国人民代表大会常务委员会备案。

第一百一十七条　【民族自治地方的财政自治权】民族自治地方的自治机关有管理地方财政的自治权。凡是依照国家财政体制属于民族自治地方的财政收入，都应当由民族自治地方的自治机关自主地安排使用。

第一百一十八条　【民族自治地方的经济建设自主权】民族自治地方的自治机关在国家计划的指导下，自主地安排和管理地方性的经济建设事业。

国家在民族自治地方开发资源、建设企业的时候，应当照顾民族自治地方的利益。

第一百一十九条　【民族自治地方的文化事业自主权】民族自治地方的自治机关自主地管理本地方的教育、科学、文化、卫生、体育事业，保护和整理民族的文化遗产，发展和繁荣民族文化。

第一百二十条　【民族自治地方的公安部队】民族自治地方的自治机关依照国家的军事制度和当地的实际需要，经国务院批准，可以组织本地方维护社会治安的公安部队。

第一百二十一条 【自治机关的公务语言】民族自治地方的自治机关在执行职务的时候,依照本民族自治地方自治条例的规定,使用当地通用的一种或者几种语言文字。

第一百二十二条 【国家对民族自治地方的帮助、扶持】国家从财政、物资、技术等方面帮助各少数民族加速发展经济建设和文化建设事业。

国家帮助民族自治地方从当地民族中大量培养各级干部、各种专业人才和技术工人。

第七节 监察委员会

第一百二十三条 【监察委员会的性质】中华人民共和国各级监察委员会是国家的监察机关。

第一百二十四条 【监察委员会的组成及任期】中华人民共和国设立国家监察委员会和地方各级监察委员会。

监察委员会由下列人员组成:

主任,

副主任若干人,

委员若干人。

监察委员会主任每届任期同本级人民代表大会每届任期相同。国家监察委员会主任连续任职不得超过两届。

监察委员会的组织和职权由法律规定。

第一百二十五条 【各级监察委员会间的关系】中华人民共和国国家监察委员会是最高监察机关。

国家监察委员会领导地方各级监察委员会的工作,上级监察委员会领导下级监察委员会的工作。

第一百二十六条 【监察委员会与人大的关系】国家监察委员会对全国人民代表大会和全国人民代表大会常务委员会负责。地方各级监察委员会对产生它的国家权力机关和上一级监察委员会负责。

第一百二十七条　【监察权的行使】监察委员会依照法律规定独立行使监察权，不受行政机关、社会团体和个人的干涉。

监察机关办理职务违法和职务犯罪案件，应当与审判机关、检察机关、执法部门互相配合，互相制约。

第八节　人民法院和人民检察院

第一百二十八条　【人民法院的性质】中华人民共和国人民法院是国家的审判机关。

第一百二十九条　【人民法院的设置、任期和组织】中华人民共和国设立最高人民法院、地方各级人民法院和军事法院等专门人民法院。

最高人民法院院长每届任期同全国人民代表大会每届任期相同，连续任职不得超过两届。

人民法院的组织由法律规定。

第一百三十条　【审判公开原则和辩护原则】人民法院审理案件，除法律规定的特别情况外，一律公开进行。被告人有权获得辩护。

第一百三十一条　【法院独立行使审判权】人民法院依照法律规定独立行使审判权，不受行政机关、社会团体和个人的干涉。

第一百三十二条　【各级法院间的关系】最高人民法院是最高审判机关。

最高人民法院监督地方各级人民法院和专门人民法院的审判工作，上级人民法院监督下级人民法院的审判工作。

第一百三十三条　【法院与人大的关系】最高人民法院对全国人民代表大会和全国人民代表大会常务委员会负责。地方各级人民法院对产生它的国家权力机关负责。

第一百三十四条　【人民检察院的性质】中华人民共和国人民检察院是国家的法律监督机关。

第一百三十五条　【人民检察院的设置及任期】中华人民共和国设立最

高人民检察院、地方各级人民检察院和军事检察院等专门人民检察院。

最高人民检察院检察长每届任期同全国人民代表大会每届任期相同，连续任职不得超过两届。

人民检察院的组织由法律规定。

第一百三十六条 【检察院独立行使检察权】人民检察院依照法律规定独立行使检察权，不受行政机关、社会团体和个人的干涉。

第一百三十七条 【各级检察机关间的关系】最高人民检察院是最高检察机关。

最高人民检察院领导地方各级人民检察院和专门人民检察院的工作，上级人民检察院领导下级人民检察院的工作。

第一百三十八条 【检察院与人大的关系】最高人民检察院对全国人民代表大会和全国人民代表大会常务委员会负责。地方各级人民检察院对产生它的国家权力机关和上级人民检察院负责。

第一百三十九条 【诉讼语言】各民族公民都有用本民族语言文字进行诉讼的权利。人民法院和人民检察院对于不通晓当地通用的语言文字的诉讼参与人，应当为他们翻译。

在少数民族聚居或者多民族共同居住的地区，应当用当地通用的语言进行审理；起诉书、判决书、布告和其他文书应当根据实际需要使用当地通用的一种或者几种文字。

第一百四十条 【司法机关间的分工与制约原则】人民法院、人民检察院和公安机关办理刑事案件，应当分工负责，互相配合，互相制约，以保证准确有效地执行法律。

第四章 国旗、国歌、国徽、首都

第一百四十一条 【国旗、国歌】中华人民共和国国旗是五星红旗。

中华人民共和国国歌是《义勇军进行曲》。

第一百四十二条 【国徽】中华人民共和国国徽，中间是五星照耀下的天安门,周围是谷穗和齿轮。

第一百四十三条　【首都】中华人民共和国首都是北京。

中华人民共和国
城市居民委员会组织法

（1989年12月26日第七届全国人民代表大会常务委员会第十一次会议通过　根据2018年12月29日第十三届全国人民代表大会常务委员会第七次会议《关于修改〈中华人民共和国村民委员会组织法〉〈中华人民共和国城市居民委员会组织法〉的决定》修正）

第一条　【立法目的】为了加强城市居民委员会的建设,由城市居民群众依法办理群众自己的事情,促进城市基层社会主义民主和城市社会主义物质文明、精神文明建设的发展,根据宪法,制定本法。

第二条　【居委会性质及与有关政府的工作关系】居民委员会是居民自我管理、自我教育、自我服务的基层群众性自治组织。

不设区的市、市辖区的人民政府或者它的派出机关对居民委员会的工作给予指导、支持和帮助。居民委员会协助不设区的市、市辖区的人民政府或者它的派出机关开展工作。

第三条　【居委会的任务】居民委员会的任务:

(一)宣传宪法、法律、法规和国家的政策,维护居民的合法权益,教育居

民履行依法应尽的义务,爱护公共财产,开展多种形式的社会主义精神文明建设活动;

(二)办理本居住地区居民的公共事务和公益事业;

(三)调解民间纠纷;

(四)协助维护社会治安;

(五)协助人民政府或者它的派出机关做好与居民利益有关的公共卫生、计划生育、优抚救济、青少年教育等项工作;

(六)向人民政府或者它的派出机关反映居民的意见、要求和提出建议。

第四条　【开展活动、管理财产】居民委员会应当开展便民利民的社区服务活动,可以兴办有关的服务事业。

居民委员会管理本居民委员会的财产,任何部门和单位不得侵犯居民委员会的财产所有权。

第五条　【民族团结】多民族居住地区的居民委员会,应当教育居民互相帮助,互相尊重,加强民族团结。

第六条　【居委会的设置】居民委员会根据居民居住状况,按照便于居民自治的原则,一般在一百户至七百户的范围内设立。

居民委员会的设立、撤销、规模调整,由不设区的市、市辖区的人民政府决定。

第七条　【居委会成员】居民委员会由主任、副主任和委员共五至九人组成。多民族居住地区,居民委员会中应当有人数较少的民族的成员。

第八条　【居委会成员的产生办法】居民委员会主任、副主任和委员,由本居住地区全体有选举权的居民或者由每户派代表选举产生;根据居民意见,也可以由每个居民小组选举代表二至三人选举产生。居民委员会每届任期五年,其成员可以连选连任。

年满十八周岁的本居住地区居民,不分民族、种族、性别、职业、家庭出身、宗教信仰、教育程度、财产状况、居住期限,都有选举权和被选举权;但是,依照法律被剥夺政治权利的人除外。

第九条　【居民会议】居民会议由十八周岁以上的居民组成。

居民会议可以由全体十八周岁以上的居民或者每户派代表参加，也可以由每个居民小组选举代表二至三人参加。

居民会议必须有全体十八周岁以上的居民、户的代表或者居民小组选举的代表的过半数出席，才能举行。会议的决定，由出席人的过半数通过。

第十条　【居委会与居民会议】居民委员会向居民会议负责并报告工作。

居民会议由居民委员会召集和主持。有五分之一以上的十八周岁以上的居民、五分之一以上的户或者三分之一以上的居民小组提议，应当召集居民会议。涉及全体居民利益的重要问题，居民委员会必须提请居民会议讨论决定。

居民会议有权撤换和补选居民委员会成员。

第十一条　【工作原则】居民委员会决定问题，采取少数服从多数的原则。

居民委员会进行工作，应当采取民主的方法，不得强迫命令。

第十二条　【居委会成员的表率作用】居民委员会成员应当遵守宪法、法律、法规和国家的政策，办事公道，热心为居民服务。

第十三条　【居委会机构设置】居民委员会根据需要设人民调解、治安保卫、公共卫生等委员会。居民委员会成员可以兼任下属的委员会的成员。居民较少的居民委员会可以不设下属的委员会，由居民委员会的成员分工负责有关工作。

第十四条　【居民小组】居民委员会可以分设若干居民小组，小组长由居民小组推选。

第十五条　【居民公约】居民公约由居民会议讨论制定，报不设区的市、市辖区的人民政府或者它的派出机关备案，由居民委员会监督执行。居民应当遵守居民会议的决议和居民公约。

居民公约的内容不得与宪法、法律、法规和国家的政策相抵触。

第十六条 【居委会财务】居民委员会办理本居住地区公益事业所需的费用,经居民会议讨论决定,可以根据自愿原则向居民筹集,也可以向本居住地区的受益单位筹集,但是必须经受益单位同意;收支帐目应当及时公布,接受居民监督。

第十七条 【工作经费与办公用房】居民委员会的工作经费和来源,居民委员会成员的生活补贴费的范围、标准和来源,由不设区的市、市辖区的人民政府或者上级人民政府规定并拨付;经居民会议同意,可以从居民委员会的经济收入中给予适当补助。

居民委员会的办公用房,由当地人民政府统筹解决。

第十八条 【协助改造罪犯】依照法律被剥夺政治权利的人编入居民小组,居民委员会应当对他们进行监督和教育。

第十九条 【家属委员会】机关、团体、部队、企业事业组织,不参加所在地的居民委员会,但是应当支持所在地的居民委员会的工作。所在地的居民委员会讨论同这些单位有关的问题,需要他们参加会议时,他们应当派代表参加,并且遵守居民委员会的有关决定和居民公约。

前款所列单位的职工及家属、军人及随军家属,参加居住地区的居民委员会;其家属聚居区可以单独成立家属委员会,承担居民委员会的工作,在不设区的市、市辖区的人民政府或者它的派出机关和本单位的指导下进行工作。家属委员会的工作经费和家属委员会成员的生活补贴费、办公用房,由所属单位解决。

第二十条 【居委会与有关政府机构的工作关系】市、市辖区的人民政府有关部门,需要居民委员会或者它的下属委员会协助进行的工作,应当经市、市辖区的人民政府或者它的派出机关同意并统一安排。市、市辖区的人民政府的有关部门,可以对居民委员会有关的下属委员会进行业务指导。

第二十一条 【乡镇居委会】本法适用于乡、民族乡、镇的人民政府所在地设立的居民委员会。

第二十二条 【实施办法】省、自治区、直辖市的人民代表大会常务委员会可以根据本法制定实施办法。

第二十三条　【施行日期】本法自1990年1月1日起施行。1954年12月31日全国人民代表大会常务委员会通过的《城市居民委员会组织条例》同时废止。

中华人民共和国
村民委员会组织法

（1998年11月4日第九届全国人民代表大会常务委员会第五次会议通过　2010年10月28日第十一届全国人民代表大会常务委员会第十七次会议修订　根据2018年12月29日第十三届全国人民代表大会常务委员会第七次会议《关于修改〈中华人民共和国村民委员会组织法〉〈中华人民共和国城市居民委员会组织法〉的决定》修正）

目　　录

第一章　总　　则

第一条　【立法目的】为了保障农村村民实行自治，由村民依法办理自己的事情，发展农村基层民主，维护村民的合法权益，促进社会主义新农村建设，根据宪法，制定本法。

第二条　【村委会的性质和职责】村民委员会是村民自我管理、自我教育、自我服务的基层群众性自治组织，实行民主选举、民主决策、民主管理、民主监督。

村民委员会办理本村的公共事务和公益事业，调解民间纠纷，协助维护社会治安，向人民政府反映村民的意见、要求和提出建议。

村民委员会向村民会议、村民代表会议负责并报告工作。

第三条　【村委会的设立原则】村民委员会根据村民居住状况、人口多少，按照便于群众自治，有利于经济发展和社会管理的原则设立。

村民委员会的设立、撤销、范围调整，由乡、民族乡、镇的人民政府提出，经村民会议讨论同意，报县级人民政府批准。

村民委员会可以根据村民居住状况、集体土地所有权关系等分设若干村民小组。

第四条　【基层党组织的作用】中国共产党在农村的基层组织，按照中国共产党章程进行工作，发挥领导核心作用，领导和支持村民委员会行使职权；依照宪法和法律，支持和保障村民开展自治活动、直接行使民主权利。

第五条　【乡级政府与村委会的关系】乡、民族乡、镇的人民政府对村民委员会的工作给予指导、支持和帮助，但是不得干预依法属于村民自治范围内的事项。

村民委员会协助乡、民族乡、镇的人民政府开展工作。

第二章　村民委员会的组成和职责

第六条　【村委会的组成】村民委员会由主任、副主任和委员共三至七人组成。

村民委员会成员中,应当有妇女成员,多民族村民居住的村应当有人数较少的民族的成员。

对村民委员会成员,根据工作情况,给予适当补贴。

第七条 【村委会下属委员会的组成】村民委员会根据需要设人民调解、治安保卫、公共卫生与计划生育等委员会。村民委员会成员可以兼任下属委员会的成员。人口少的村的村民委员会可以不设下属委员会,由村民委员会成员分工负责人民调解、治安保卫、公共卫生与计划生育等工作。

第八条 【村委会的经济职能】村民委员会应当支持和组织村民依法发展各种形式的合作经济和其他经济,承担本村生产的服务和协调工作,促进农村生产建设和经济发展。

村民委员会依照法律规定,管理本村属于村农民集体所有的土地和其他财产,引导村民合理利用自然资源,保护和改善生态环境。

村民委员会应当尊重并支持集体经济组织依法独立进行经济活动的自主权,维护以家庭承包经营为基础、统分结合的双层经营体制,保障集体经济组织和村民、承包经营户、联户或者合伙的合法财产权和其他合法权益。

第九条 【村委会的文化职能】村民委员会应当宣传宪法、法律、法规和国家的政策,教育和推动村民履行法律规定的义务、爱护公共财产,维护村民的合法权益,发展文化教育,普及科技知识,促进男女平等,做好计划生育工作,促进村与村之间的团结、互助,开展多种形式的社会主义精神文明建设活动。

村民委员会应当支持服务性、公益性、互助性社会组织依法开展活动,推动农村社区建设。

多民族村民居住的村,村民委员会应当教育和引导各民族村民增进团结、互相尊重、互相帮助。

第十条 【村委会的自治职能】村民委员会及其成员应当遵守宪法、法律、法规和国家的政策,遵守并组织实施村民自治章程、村规民约,执行村民会议、村民代表会议的决定、决议，办事公道，廉洁奉公，热心为村民服务，接受村民监督。

第三章　村民委员会的选举

第十一条　【村委会成员的选举方式及任期】村民委员会主任、副主任和委员，由村民直接选举产生。任何组织或者个人不得指定、委派或者撤换村民委员会成员。

村民委员会每届任期五年，届满应当及时举行换届选举。村民委员会成员可以连选连任。

第十二条　【村委会选举委员会的组成及职责】村民委员会的选举，由村民选举委员会主持。

村民选举委员会由主任和委员组成，由村民会议、村民代表会议或者各村民小组会议推选产生。

村民选举委员会成员被提名为村民委员会成员候选人，应当退出村民选举委员会。

村民选举委员会成员退出村民选举委员会或者因其他原因出缺的，按照原推选结果依次递补，也可以另行推选。

第十三条　【村民的选举权及其登记】年满十八周岁的村民，不分民族、种族、性别、职业、家庭出身、宗教信仰、教育程度、财产状况、居住期限，都有选举权和被选举权；但是，依照法律被剥夺政治权利的人除外。

村民委员会选举前，应当对下列人员进行登记，列入参加选举的村民名单：

（一）户籍在本村并且在本村居住的村民；

（二）户籍在本村，不在本村居住，本人表示参加选举的村民；

（三）户籍不在本村，在本村居住一年以上，本人申请参加选举，并且经村民会议或者村民代表会议同意参加选举的公民。

已在户籍所在村或者居住村登记参加选举的村民，不得再参加其他地方村民委员会的选举。

第十四条　【村民名单的公布及异议】登记参加选举的村民名单应当在选举日的二十日前由村民选举委员会公布。

对登记参加选举的村民名单有异议的，应当自名单公布之日起五日内向村民选举委员会申诉，村民选举委员会应当自收到申诉之日起三日内作出处理决定，并公布处理结果。

第十五条　【村委会的选举程序】选举村民委员会，由登记参加选举的村民直接提名候选人。村民提名候选人，应当从全体村民利益出发，推荐奉公守法、品行良好、公道正派、热心公益、具有一定文化水平和工作能力的村民为候选人。候选人的名额应当多于应选名额。村民选举委员会应当组织候选人与村民见面，由候选人介绍履行职责的设想，回答村民提出的问题。

选举村民委员会，有登记参加选举的村民过半数投票，选举有效；候选人获得参加投票的村民过半数的选票，始得当选。当选人数不足应选名额的，不足的名额另行选举。另行选举的，第一次投票未当选的人员得票多的为候选人，候选人以得票多的当选，但是所得票数不得少于已投选票总数的三分之一。

选举实行无记名投票、公开计票的方法，选举结果应当当场公布。选举时，应当设立秘密写票处。

登记参加选举的村民，选举期间外出不能参加投票的，可以书面委托本村有选举权的近亲属代为投票。村民选举委员会应当公布委托人和受委托人的名单。

具体选举办法由省、自治区、直辖市的人民代表大会常务委员会规定。

第十六条　【村委会成员的罢免】本村五分之一以上有选举权的村民或者三分之一以上的村民代表联名，可以提出罢免村民委员会成员的要求，并说明要求罢免的理由。被提出罢免的村民委员会成员有权提出申辩意见。

罢免村民委员会成员，须有登记参加选举的村民过半数投票，并须经投票的村民过半数通过。

第十七条 【破坏选举的法律后果】以暴力、威胁、欺骗、贿赂、伪造选票、虚报选举票数等不正当手段当选村民委员会成员的,当选无效。

对以暴力、威胁、欺骗、贿赂、伪造选票、虚报选举票数等不正当手段,妨害村民行使选举权、被选举权,破坏村民委员会选举的行为,村民有权向乡、民族乡、镇的人民代表大会和人民政府或者县级人民代表大会常务委员会和人民政府及其有关主管部门举报,由乡级或者县级人民政府负责调查并依法处理。

第十八条 【村委会成员职务的终止】村民委员会成员丧失行为能力或者被判处刑罚的,其职务自行终止。

第十九条 【村委会成员的补选】村民委员会成员出缺,可以由村民会议或者村民代表会议进行补选。补选程序参照本法第十五条的规定办理。补选的村民委员会成员的任期到本届村民委员会任期届满时止。

第二十条 【村委会工作的移交】村民委员会应当自新一届村民委员会产生之日起十日内完成工作移交。工作移交由村民选举委员会主持,由乡、民族乡、镇的人民政府监督。

第四章 村民会议和村民代表会议

第二十一条 【村民会议的组成及召集】村民会议由本村十八周岁以上的村民组成。

村民会议由村民委员会召集。有十分之一以上的村民或者三分之一以上的村民代表提议,应当召集村民会议。召集村民会议,应当提前十天通知村民。

第二十二条 【村民会议的召开】召开村民会议,应当有本村十八周岁以上村民的过半数,或者本村三分之二以上的户的代表参加,村民会议所作决定应当经到会人员的过半数通过。法律对召开村民会议及作出决定另有规定的,依照其规定。

召开村民会议,根据需要可以邀请驻本村的企业、事业单位和群众组织派代表列席。

第二十三条 【村民会议的权力】村民会议审议村民委员会的年度工作报告,评议村民委员会成员的工作;有权撤销或者变更村民委员会不适当的决定;有权撤销或者变更村民代表会议不适当的决定。

村民会议可以授权村民代表会议审议村民委员会的年度工作报告,评议村民委员会成员的工作,撤销或者变更村民委员会不适当的决定。

第二十四条 【经村民会议讨论决定方可办理的事项】涉及村民利益的下列事项,经村民会议讨论决定方可办理:

(一)本村享受误工补贴的人员及补贴标准;

(二)从村集体经济所得收益的使用;

(三)本村公益事业的兴办和筹资筹劳方案及建设承包方案;

(四)土地承包经营方案;

(五)村集体经济项目的立项、承包方案;

(六)宅基地的使用方案;

(七)征地补偿费的使用、分配方案;

(八)以借贷、租赁或者其他方式处分村集体财产;

(九)村民会议认为应当由村民会议讨论决定的涉及村民利益的其他事项。

村民会议可以授权村民代表会议讨论决定前款规定的事项。

法律对讨论决定村集体经济组织财产和成员权益的事项另有规定的,依照其规定。

第二十五条 【村民代表会议的组成】人数较多或者居住分散的村,可以设立村民代表会议,讨论决定村民会议授权的事项。村民代表会议由村民委员会成员和村民代表组成,村民代表应当占村民代表会议组成人员的五分之四以上,妇女村民代表应当占村民代表会议组成人员的三分之一以上。

村民代表由村民按每五户至十五户推选一人,或者由各村民小组推选若干人。村民代表的任期与村民委员会的任期相同。村民代表可以连选连任。

村民代表应当向其推选户或者村民小组负责,接受村民监督。

第二十六条 【村民代表会议的召集】村民代表会议由村民委员会召集。村民代表会议每季度召开一次。有五分之一以上的村民代表提议,应当召集村民代表会议。

村民代表会议有三分之二以上的组成人员参加方可召开,所作决定应当经到会人员的过半数同意。

第二十七条 【村民自治章程、村规民约以及村民会议或者村民代表会议的决定】村民会议可以制定和修改村民自治章程、村规民约,并报乡、民族乡、镇的人民政府备案。

村民自治章程、村规民约以及村民会议或者村民代表会议的决定不得与宪法、法律、法规和国家的政策相抵触,不得有侵犯村民的人身权利、民主权利和合法财产权利的内容。

村民自治章程、村规民约以及村民会议或者村民代表会议的决定违反前款规定的,由乡、民族乡、镇的人民政府责令改正。

第二十八条 【村民小组会议的召开】召开村民小组会议,应当有本村民小组十八周岁以上的村民三分之二以上,或者本村民小组三分之二以上的户的代表参加,所作决定应当经到会人员的过半数同意。

【村民小组组长的推选及任期】村民小组组长由村民小组会议推选。村民小组组长任期与村民委员会的任期相同,可以连选连任。

【村民小组会议的职责】属于村民小组的集体所有的土地、企业和其他财产的经营管理以及公益事项的办理,由村民小组会议依照有关法律的规定讨论决定,所作决定及实施情况应当及时向本村民小组的村民公布。

第五章 民主管理和民主监督

第二十九条 【村委会的工作原则】村民委员会应当实行少数服从多数

的民主决策机制和公开透明的工作原则，建立健全各种工作制度。

第三十条 【村务公开制度】村民委员会实行村务公开制度。

村民委员会应当及时公布下列事项，接受村民的监督：

（一）本法第二十三条、第二十四条规定的由村民会议、村民代表会议讨论决定的事项及其实施情况；

（二）国家计划生育政策的落实方案；

（三）政府拨付和接受社会捐赠的救灾救助、补贴补助等资金、物资的管理使用情况；

（四）村民委员会协助人民政府开展工作的情况；

（五）涉及本村村民利益，村民普遍关心的其他事项。

前款规定事项中，一般事项至少每季度公布一次；集体财务往来较多的，财务收支情况应当每月公布一次；涉及村民利益的重大事项应当随时公布。

村民委员会应当保证所公布事项的真实性，并接受村民的查询。

第三十一条 【村务公开制度的保障】村民委员会不及时公布应当公布的事项或者公布的事项不真实的，村民有权向乡、民族乡、镇的人民政府或者县级人民政府及其有关主管部门反映，有关人民政府或者主管部门应当负责调查核实，责令依法公布；经查证确有违法行为的，有关人员应当依法承担责任。

第三十二条 【村务监督机构及其职责】村应当建立村务监督委员会或者其他形式的村务监督机构，负责村民民主理财，监督村务公开等制度的落实，其成员由村民会议或者村民代表会议在村民中推选产生，其中应有具备财会、管理知识的人员。村民委员会成员及其近亲属不得担任村务监督机构成员。村务监督机构成员向村民会议和村民代表会议负责，可以列席村民委员会会议。

第三十三条 【民主评议】村民委员会成员以及由村民或者村集体承担误工补贴的聘用人员，应当接受村民会议或者村民代表会议对其履行职责情况的民主评议。民主评议每年至少进行一次,由村务监督机构主持。

村民委员会成员连续两次被评议不称职的,其职务终止。

第三十四条 【村务档案】村民委员会和村务监督机构应当建立村务档案。村务档案包括:选举文件和选票,会议记录,土地发包方案和承包合同,经济合同,集体财务账目,集体资产登记文件,公益设施基本资料,基本建设资料,宅基地使用方案,征地补偿费使用及分配方案等。村务档案应当真实、准确、完整、规范。

第三十五条 【经济责任审计】村民委员会成员实行任期和离任经济责任审计,审计包括下列事项:

(一)本村财务收支情况;

(二)本村债权债务情况;

(三)政府拨付和接受社会捐赠的资金、物资管理使用情况;

(四)本村生产经营和建设项目的发包管理以及公益事业建设项目招标投标情况;

(五)本村资金管理使用以及本村集体资产、资源的承包、租赁、担保、出让情况,征地补偿费的使用、分配情况;

(六)本村五分之一以上的村民要求审计的其他事项。

村民委员会成员的任期和离任经济责任审计,由县级人民政府农业部门、财政部门或者乡、民族乡、镇的人民政府负责组织,审计结果应当公布,其中离任经济责任审计结果应当在下一届村民委员会选举之前公布。

第三十六条 【法律责任】村民委员会或者村民委员会成员作出的决定侵害村民合法权益的,受侵害的村民可以申请人民法院予以撤销,责任人依法承担法律责任。

村民委员会不依照法律、法规的规定履行法定义务的,由乡、民族乡、镇的人民政府责令改正。

乡、民族乡、镇的人民政府干预依法属于村民自治范围事项的,由上一级人民政府责令改正。

第六章 附 则

第三十七条 【工作条件和经费】人民政府对村民委员会协助政府开展工作应当提供必要的条件;人民政府有关部门委托村民委员会开展工作需要经费的,由委托部门承担。

村民委员会办理本村公益事业所需的经费,由村民会议通过筹资筹劳解决;经费确有困难的,由地方人民政府给予适当支持。

第三十八条 【驻村单位与村委会的关系】驻在农村的机关、团体、部队、国有及国有控股企业、事业单位及其人员不参加村民委员会组织,但应当通过多种形式参与农村社区建设,并遵守有关村规民约。

村民委员会、村民会议或者村民代表会议讨论决定与前款规定的单位有关的事项,应当与其协商。

第三十九条 【地方人大和政府的职责】地方各级人民代表大会和县级以上地方各级人民代表大会常务委员会在本行政区域内保证本法的实施,保障村民依法行使自治权利。

第四十条 【实施办法】省、自治区、直辖市的人民代表大会常务委员会根据本法,结合本行政区域的实际情况,制定实施办法。

第四十一条 【施行日期】本法自公布之日起施行。

人民调解委员会组织条例

（1989年6月17日国务院令第37号发布施行）

第一条 为了加强人民调解委员会的建设,及时调解民间纠纷,增进人民团结,维护社会安定,以利于社会主义现代化建设,制定本条例。

第二条 人民调解委员会是村民委员会和居民委员会下设的调解民间纠纷的群众性组织,在基层人民政府和基层人民法院指导下进行工作。

基层人民政府及其派出机关指导人民调解委员会的日常工作由司法助理员负责。

第三条 人民调解委员会由委员三至九人组成,设主任一人,必要时可以设副主任。

人民调解委员会委员除由村民委员会成员或者居民委员会成员兼任的以外由群众选举产生,每三年改选一次,可以连选连任。

多民族居住地区的人民调解委员会中,应当有人数较少的民族的成员。

人民调解委员会委员不能任职时,由原选举单位补选。

人民调解委员会委员严重失职或者违法乱纪的,由原选举单位撤换。

第四条 为人公正,联系群众,热心人民调解工作,并有一定法律知识和政策水平的成年公民,可以当选为人民调解委员会委员。

第五条 人民调解委员会的任务为调解民间纠纷,并通过调解工作宣传法律、法规、规章和政策,教育公民遵纪守法,尊重社会公德。

人民调解委员会应当向村民委员会或者居民委员会反映民间纠纷和调解工作的情况。

第六条　人民调解委员会的调解工作应当遵守以下原则：

（一）依据法律、法规、规章和政策进行调解，法律、法规、规章和政策没有明确规定的，依据社会公德进行调解；

（二）在双方当事人自愿平等的基础上进行调解；

（三）尊重当事人的诉讼权利，不得因未经调解或者调解不成而阻止当事人向人民法院起诉。

第七条　人民调解委员会根据当事人的申请及时调解纠纷；当事人没有申请的，也可以主动调解。

人民调解委员会调解纠纷可以由委员一人或数人进行；跨地区、跨单位的纠纷，可以由有关的各方调解组织共同调解。

人民调解委员会调解纠纷，可以邀请有关单位和个人参加，被邀请的单位和个人应当给予支持。

第八条　人民调解委员会调解纠纷，应当在查明事实、分清是非的基础上，充分说理，耐心疏导，消除隔阂，帮助当事人达成协议。

调解纠纷应当进行登记，制作笔录，根据需要或者当事人的请求，可以制作调解协议书。调解协议书应当有双方当事人和调解人员的签名，并加盖人民调解委员会的印章。

第九条　人民调解委员会主持下达成的调解协议，当事人应当履行。

经过调解，当事人未达成协议或者达成协议后又反悔的，任何一方可以请求基层人民政府处理，也可以向人民法院起诉。

第十条　基层人民政府对于人民调解委员会主持下达成的调解协议，符合法律、法规、规章和政策的，应当予以支持；违背法律、法规、规章和政策的，应当予以纠正。

第十一条　人民调解委员会调解民间纠纷不收费。

第十二条　人民调解委员会委员必须遵守以下纪律：

（一）不得徇私舞弊；

（二）不得对当事人压制、打击报复；

（三）不得侮辱、处罚当事人；

（四）不得泄露当事人的稳私；

（五）不得吃请受礼。

第十三条 各级人民政府对成绩显著的人民调解委员会和调解委员应当予以表彰和奖励。

第十四条 对人民调解委员会委员，根据情况可以给予适当补贴。

人民调解委员会的工作经费和调解委员的补贴经费，由村民委员会或者居民委员会解决。

第十五条 企业、事业单位根据需要设立的人民调解委员会，参照本条例执行。

第十六条 本条例由司法部负责解释。

第十七条 本条例自发布之日起施行。1954 年 3 月 22 日原中央人民政府政务院公布的《人民调解委员会暂行组织通则》同时废止。

民间纠纷处理办法

（1990 年 4 月 19 日司法部发布施行）

第一章 总 则

第一条 为妥善处理民间纠纷，保障公民的人身权利、财产权利和其他权利,维护社会安定,根据《人民调解委员会组织条例》第九条第二款、第二条第二款和第十条的规定,制定本办法。

第二条 司法助理员是基层人民政府的司法行政工作人员,具体负责处理民间纠纷的工作。

第三条 基层人民政府处理民间纠纷的范围,为《人民调解委员会组织条例》规定的民间纠纷,即公民之间有关人身、财产权益和其他日常生活中发生的纠纷。

第四条 处理民间纠纷,必须以事实为根据,以法律、法规、规章和政策为准绳,对于当事人在适用法律上一律平等。

第五条 基层人民政府处理民间纠纷,可以决定由责任一方按照《中华人民共和国民法通则》第一百三十四条第一款所列举的方式承担民事责任,但不得给予人身或者财产处罚。

第六条 基层人民政府处理民间纠纷,不得限制当事人行使诉讼权利。

第二章 受　　理

第七条 当事人提请处理的民间纠纷,由当事人户籍所在地或者居所地的基层人民政府受理。跨地区的民间纠纷,由当事人双方户籍所在地或者居所地的基层人民政府协商受理。

第八条 受理民间纠纷,应当有一方或者双方当事人的申请,申请可以采用口头或者书面方式,并有明确的对方当事人和申请事项、事实根据。

第九条 一方当事人已向人民法院提起诉讼的纠纷,以及基层人民政府已经处理过、当事人没有提出新的事实和理由的纠纷,基层人民政府不予受理。

第十条 对未经人民调解委员会调解的纠纷,应当劝说当事人先通过人民调解委员会调解。

第十一条 法律、法规、规章和政策明确规定由指定部门处理的纠纷,应当告知当事人向指定部门申请处理。

第十二条 具体负责处理纠纷的司法助理员有下列情形之一的，必须自行回避，当事人也有权用口头或者书面方式申请他们回避：

（一）是本纠纷的当事人或者当事人的近亲属；

（二）与本纠纷当事人有利害关系；

（三）与本纠纷当事人有其他关系，可能影响公正处理的。

基层人民政府负责人决定司法助理员的回避，并另行指派他人负责处理纠纷。

第三章 处 理

第十三条 处理民间纠纷，应当充分听取双方当事人的陈述，允许当事人就争议问题展开辩论，并对纠纷事实进行必要的调查。

第十四条 处理纠纷时，根据需要可以邀请有关单位和群众参加。被邀请的单位和个人，应当协助做好处理纠纷工作。

跨地区的民间纠纷，由当事人双方户籍所在地或者居所地的基层人民政府协商处理。

第十五条 处理民间纠纷，应当先行调解。调解时，要查明事实，分清是非，促使当事人互谅互让，在双方当事人自愿的基础上，达成协议。

第十六条 调解达成协议的，应当制作调解书，由双方当事人、司法助理员署名并加盖基层人民政府印章。调解书自送达之日起生效，当事人应当履行。

第十七条 经过调解后，仍达不成协议的纠纷，基层人民政府可以作出处理决定。

第十八条 对于经过人民调解委员会调解过的纠纷，处理时应当先审查原调解协议书，并按下列情况分别处理：

（一）原调解协议书符合法律、法规、规章和政策的，作出维持原协议的处理决定；

（二）原调解协议书违背法律、法规、规章和政策的，应当予以撤销，另行作出处理决定；

（三）原调解协议书部分错误的，作出部分变更的处理决定。

第十九条 作出处理决定应当以书面形式通知双方当事人到场。一方当事人经两次通知，无正当理由拒不到场的，不影响作出处理决定。

第二十条 作出处理决定应当制作处理决定书，并经基层人民政府负责人审定、司法助理员署名后加盖基层人民政府印章。

第二十一条 基层人民政府作出的处理决定，当事人必须执行。如有异议的，可以在处理决定作出后，就原纠纷向人民法院起诉。超过十五天不起诉又不执行的，基层人民政府根据当事人一方的申请，可以在其职权范围内，采取必要的措施予以执行。

第二十二条 处理民间纠纷，应当在受理后两个月内处理终结；特别复杂疑难的，可以延长一个月。

第二十三条 在纠纷处理过程中，双方当事人自行和解、申请人撤回申请或者一方当事人向人民法院提起诉讼的，应当终止处理。

第四章 附 则

第二十四条 各省、自治区、直辖市司法厅（局）可以根据本办法制定实施细则。

第二十五条 本办法自发布之日起施行。

人民调解委员会及调解员奖励办法

（1991年7月12日司法部令第15号公布施行）

第一条　为加强人民调解委员会组织建设，鼓励先进，调动调解人员的工作积极性，促进人民调解工作的开展，维护社会安定，根据《人民调解委员会组织条例》的有关规定，制定本办法。

第二条　本办法规定的奖励适用于人民调解委员会、人民调解员。

第三条　奖励必须实事求是，实行精神鼓励和物质奖励相结合，以精神鼓励为主的原则。

第四条　奖励条件符合下列条件的人民调解委员会，给予集体奖励：

1. 组织健全，制度完善；

2. 调解纠纷和防止民间纠纷激化工作成绩显著，连续三年无因民间纠纷引起的刑事案件、自杀事件和群众性械斗；

3. 积极开展法制宣传教育、预防民间纠纷效果显著；

4. 积极向村（居）民委员会报告民间纠纷和调解工作情况，为减少纠纷发生和加强基层政权建设作出突出成绩。

符合下列条件之一的人民调解员，给予奖励：

1. 长期从事人民调解工作，勤勤恳恳，任劳任怨，全心全意为人民服务，为维护社会安定、增进人民团结作出突出贡献者；

2. 在防止民间纠纷激化工作中，积极疏导，力排隐患，临危不惧，挺身而出，舍己救人，对制止恶性案件发生或减轻危害后果作出突出贡献者；

3. 在纠纷当事人准备或正在实施自杀行为的紧急时刻，及时疏导调解，采取果断措施，避免当事人死亡的；

4. 刻苦钻研人民调解业务，认真总结人民调解工作经验，勇于改革开拓，对发展人民调解工作理论，丰富人民调解工作实践作出突出贡献者；

5. 忠实于法律、忠实于事实、忠实于人民利益，秉公办事，不徇私情、不谋私利事迹突出者；

6. 及时提供民间纠纷激化信息，为防止或减轻因民间纠纷激化引起的重大刑事案件、群众性械斗事件发生，作出较大贡献者；

7. 在维护社会安定、增进人民团结等其它方面作出重大贡献者。

第五条　奖励分为：模范人民调解委员会、模范人民调解员；优秀人民调解委员会、优秀人民调解员；先进人民调解委员会、先进人民调解员。

事迹特别突出、贡献特别大的集体或个人，给予命名表彰。

第六条　对受集体奖励者发给奖状或锦旗；对受个人奖励者发给奖状、证书和奖金。

第七条　奖励的审批权限模范人民调解委员会和模范人民调解员以及集体和个人的命名表彰，由司法部批准。

优秀人民调解委员会和优秀人民调解员由省、自治区、直辖市司法厅（局）批准。

地（市）、县级司法局（处）表彰的统称先进人民调解委员会和先进人民调解员，分别由地（市）、县级司法局（处）批准。

第八条　凡报上一级机关批准奖励的集体或个人，呈报机关应当报送拟表彰奖励的请示报告、事迹材料和奖励审批表。

第九条　奖励工作具体事项，由各级司法行政机关基层工作部门商政工（人事）部门办理。

第十条　表彰奖励集体和个人，地（市）、县级司法局（处）每一年或两年一次,省、自治区、直辖市司法厅(局)每两年一次,司法部每四年一次。对有特殊贡献的集体和个人,可随时表彰奖励。

对在人民调解工作岗位上牺牲的调解人员,符合本办法奖励条件的,应追授奖励。

第十一条 凡发现受奖者事迹失实、隐瞒严重错误骗取荣誉的,或授予称号后犯严重错误,丧失模范作用的,由批准机关撤销其称号,并收回奖状、证书或锦旗。

第十二条 奖励经费按司法部、财政部(85)司发计财字 384 号《关于修订司法业务费开支范围的规定的通知》的有关规定,由批准奖励机关编造预算报同级财政部门列入调解费开支。

第十三条 按本办法受过奖励的人民调解委员会和人民调解员,仍可受各级人民政府依据《人民调解委员会组织条例》第十三条的规定给予的表彰和奖励。

第十四条 各省、自治区、直辖市司法厅(局)根据本办法可以制定实施细则,报司法部备案。

第十五条 本办法自公布之日起施行。

跨地区跨单位民间纠纷调解办法

(1994 年 5 月 9 日司法部公布)

第一条 为及时调解跨地区、跨单位民间纠纷,防止纠纷激化,维护社会安定，根据《人民调解委员会组织条例》第七条的规定，制定本办法。

第二条　纠纷当事人属于不同地区、单位，或者纠纷当事人虽属于同一地区、单位，但纠纷发生在其他地区、单位的民间纠纷的调解适用本办法。

第三条　跨地区、跨单位的民间纠纷由纠纷当事人户籍所在地（居所地）、所在单位、纠纷发生地的人民调解委员会共同调解。

一个人民调解委员会能够调解的纠纷，经商有关人民调解委员会，也可以由一个人民调解委员会进行调解。

第四条　共同调解跨地区、跨单位的民间纠纷由最先受理的人民调解委员会主持调解，其他人民调解委员会协助调解。

其他人民调解委员会主持调解有利于解决纠纷的，也可由有关人民调解委员会协商确定。

第五条　共同调解民间纠纷应当按照自愿、平等、合法、公正的原则，积极促成当事人达成调解协议。

第六条　主持调解的人民调解委员会的职责：

一、受理纠纷；

二、发现纠纷有激化可能时，应采取必要措施，防止纠纷激化；

三、针对纠纷情况，开展调查研究，收集纠纷的有关材料，制定调解方案；

四、向有关人民调解委员会提出共同调解意见；

五、确定调解的时间、地点，通知纠纷当事人及有关人民调解委员会参加调解；

六、主持调解，制作调解文书；

七、敦促有关当事人履行调解协议，做好回访工作；

八、负责统计和档案材料保管。

第七条　协助调解的人民调解委员会的职责：

一、协助进行调查研究，收集纠纷的事实材料；

二、主动采取措施，防止纠纷激化；

三、配合主持调解的人民调解委员会，对当事人进行说服教育，促成当事人达成调解协议；

四、敦促当事人履行调解协议。

第八条 经过调解，当事人达成调解协议的，应当制作调解协议书。

调解协议书应由当事人、调解人员签名，并加盖各有关人民调解委员会印章。

第九条 当事人未达成调解协议或达成协议后又反悔的，可以就原纠纷申请基层人民政府处理或向人民法院起诉。

第十条 本办法由司法部负责解释。

第十一条 本办法自公布之日起生效。

人民调解工作若干规定

（2002 年 9 月 26 日司法部发布 自 2002 年 11 月 1 日起施行）

第一章 总 则

第一条 为了规范人民调解工作，完善人民调解组织，提高人民调解质量，根据《中华人民共和国宪法》和《中华人民共和国民事诉讼法》、《人民调解委员会组织条例》等法律、法规的规定，结合人民调解工作实际，制定本规定。

第二条 人民调解委员会是调解民间纠纷的群众性组织。

人民调解员是经群众选举或者接受聘任，在人民调解委员会领导下，从事人民调解工作的人员。

人民调解委员会委员、调解员，统称人民调解员。

第三条　人民调解委员会的任务是：

（一）调解民间纠纷，防止民间纠纷激化；

（二）通过调解工作宣传法律、法规、规章和政策，教育公民遵纪守法，尊重社会公德，预防民间纠纷发生；

（三）向村民委员会、居民委员会、所在单位和基层人民政府反映民间纠纷和调解工作的情况。

第四条　人民调解委员会调解民间纠纷，应当遵守下列原则：

（一）依据法律、法规、规章和政策进行调解，法律、法规、规章和政策没有明确规定的，依据社会主义道德进行调解；

（二）在双方当事人自愿平等的基础上进行调解；

（三）尊重当事人的诉讼权利，不得因未经调解或者调解不成而阻止当事人向人民法院起诉。

第五条　根据《最高人民法院关于审理涉及人民调解协议的民事案件的若干规定》，经人民调解委员会调解达成的、有民事权利义务内容，并由双方当事人签字或者盖章的调解协议，具有民事合同性质。当事人应当按照约定履行自己的义务，不得擅自变更或者解除调解协议。

第六条　在人民调解活动中，纠纷当事人享有下列权利：

（一）自主决定接受、不接受或者终止调解；

（二）要求有关调解人员回避；

（三）不受压制强迫，表达真实意愿，提出合理要求；

（四）自愿达成调解协议。

第七条　在人民调解活动中，纠纷当事人承担下列义务：

（一）如实陈述纠纷事实，不得提供虚假证明材料；

（二）遵守调解规则；

（三）不得加剧纠纷、激化矛盾；

（四）自觉履行人民调解协议。

第八条 人民调解委员会调解民间纠纷不收费。

第九条 司法行政机关依照本办法对人民调解工作进行指导和管理。

指导和管理人民调解委员会的日常工作，由乡镇、街道司法所（科）负责。

第二章 人民调解委员会和人民调解员

第十条 人民调解委员会可以采用下列形式设立：

（一）农村村民委员会、城市（社区）居民委员会设立的人民调解委员会；

（二）乡镇、街道设立的人民调解委员会；

（三）企业事业单位根据需要设立的人民调解委员会；

（四）根据需要设立的区域性、行业性的人民调解委员会。

人民调解委员会的设立及其组成人员，应当向所在地乡镇、街道司法所（科）备案；乡镇、街道人民调解委员会的设立及其组成人员，应当向县级司法行政机关备案。

第十一条 人民调解委员会由委员三人以上组成，设主任一人，必要时可以设副主任。

多民族聚居地区的人民调解委员会中，应当有人数较少的民族的成员。

人民调解委员会中应当有妇女委员。

第十二条 村民委员会、居民委员会和企业事业单位的人民调解委员会根据需要，可以自然村、小区（楼院）、车间等为单位，设立调解小组，聘任调解员。

第十三条 乡镇、街道人民调解委员会委员由下列人员担任：

（一）本乡镇、街道辖区内设立的村民委员会、居民委员会、企业事业单位的人民调解委员会主任；

（二）本乡镇、街道的司法助理员；

（三）在本乡镇、街道辖区内居住的懂法律、有专长、热心人民调解工作的社会志愿人员。

第十四条　担任人民调解员的条件是:为人公正,联系群众,热心人民调解工作,具有一定法律、政策水平和文化水平。

乡镇、街道人民调解委员会委员应当具备高中以上文化程度。

第十五条　人民调解员除由村民委员会成员、居民委员会成员或者企业事业单位有关负责人兼任的以外,一般由本村民区、居民区或者企业事业单位的群众选举产生,也可以由村民委员会、居民委员会或者企业事业单位聘任。

乡镇、街道人民调解委员会委员由乡镇、街道司法所(科)聘任。

区域性、行业性的人民调解委员会委员,由设立该人民调解委员会的组织聘任。

第十六条　人民调解员任期三年,每三年改选或者聘任一次,可以连选连任或者续聘。

人民调解员不能履行职务时,由原选举单位或者聘任单位补选、补聘。

人民调解员严重失职或者违法乱纪的,由原选举单位或者聘任单位撤换。

第十七条　人民调解员调解纠纷,必须遵守下列纪律:

(一)不得徇私舞弊;

(二)不得对当事人压制、打击报复;

(三)不得侮辱、处罚纠纷当事人;

(四)不得泄露当事人隐私;

(五)不得吃请受礼。

第十八条　人民调解员依法履行职务,受到非法干涉、打击报复的,可以请求司法行政机关和有关部门依法予以保护。

人民调解员履行职务,应当坚持原则,爱岗敬业,热情服务,诚实守信,举止文明,廉洁自律,注重学习,不断提高法律、道德素养和调解技能。

第十九条　人民调解委员会应当建立健全岗位责任制、例会、学习、考评、业务登记、统计和档案等各项规章制度，不断加强组织、队伍和业务建设。

第三章 民间纠纷的受理

第二十条 人民调解委员会调解的民间纠纷，包括发生在公民与公民之间、公民与法人和其他社会组织之间涉及民事权利义务争议的各种纠纷。

第二十一条 民间纠纷，由纠纷当事人所在地（所在单位）或者纠纷发生地的人民调解委员会受理调解。

村民委员会、居民委员会或者企业事业单位的人民调解委员会调解不了的疑难、复杂民间纠纷和跨地区、跨单位的民间纠纷，由乡镇、街道人民调解委员会受理调解，或者由相关的人民调解委员会共同调解。

第二十二条 人民调解委员会不得受理调解下列纠纷：

（一）法律、法规规定只能由专门机关管辖处理的，或者法律、法规禁止采用民间调解方式解决的；

（二）人民法院、公安机关或者其他行政机关已经受理或者解决的。

第二十三条 人民调解委员会根据纠纷当事人的申请，受理调解纠纷；当事人没有申请的，也可以主动调解，但当事人表示异议的除外。

当事人申请调解纠纷，可以书面申请，也可以口头申请。

受理调解纠纷，应当进行登记。

第二十四条 当事人申请调解纠纷，符合条件的，人民调解委员会应当及时受理调解。

不符合受理条件的，应当告知当事人按照法律、法规规定提请有关机关处理或者向人民法院起诉；随时有可能激化的，应当在采取必要的缓解疏导措施后，及时提交有关机关处理。

第四章 民间纠纷的调解

第二十五条 人民调解委员会调解纠纷，应当指定一名人民调解员为调解主持人，根据需要可以指定若干人民调解员参加调解。

当事人对调解主持人提出回避要求的，人民调解委员会应当予以调换。

第二十六条　人民调解委员会调解纠纷，应当分别向双方当事人询问纠纷的事实和情节，了解双方的要求及其理由，根据需要向有关方面调查核实，做好调解前的准备工作。

第二十七条　人民调解委员会调解纠纷，根据需要可以邀请有关单位或者个人参加，被邀请的单位或者个人应当给予支持。

调解跨地区、跨单位的纠纷，相关人民调解委员会应当相互配合，共同做好调解工作。

第二十八条　人民调解委员会调解纠纷，一般在专门设置的调解场所进行，根据需要也可以在便利当事人的其他场所进行。

第二十九条　人民调解委员会调解纠纷，根据需要可以公开进行，允许当事人的亲属、邻里和当地（本单位）群众旁听。但是涉及当事人的隐私、商业秘密或者当事人表示反对的除外。

第三十条　人民调解委员会调解纠纷，在调解前应当以口头或者书面形式告知当事人人民调解的性质、原则和效力，以及当事人在调解活动中享有的权利和承担的义务。

第三十一条　人民调解委员会调解纠纷，应当在查明事实、分清责任的基础上，根据当事人的特点和纠纷性质、难易程度、发展变化的情况，采取灵活多样的方式方法，开展耐心、细致的说服疏导工作，促使双方当事人互谅互让，消除隔阂，引导、帮助当事人达成解决纠纷的调解协议。

第三十二条　人民调解委员会调解纠纷，应当密切注意纠纷激化的苗头，通过调解活动防止纠纷激化。

第三十三条　人民调解委员会调解纠纷，一般在一个月内调结。

第五章　人民调解协议及其履行

第三十四条　经人民调解委员会调解解决的纠纷，有民事权利义务内容的,或者当事人要求制作书面调解协议的,应当制作书面调解协议。

第三十五条 调解协议应当载明下列事项:

(一)双方当事人基本情况;

(二)纠纷简要事实、争议事项及双方责任;

(三)双方当事人的权利和义务;

(四)履行协议的方式、地点、期限;

(五)当事人签名,调解主持人签名,人民调解委员会印章。

调解协议由纠纷当事人各执一份,人民调解委员会留存一份。

第三十六条 当事人应当自觉履行调解协议。

人民调解委员会应当对调解协议的履行情况适时进行回访,并就履行情况做出记录。

第三十七条 当事人不履行调解协议或者达成协议后又反悔的,人民调解委员会应当按下列情形分别处理:

(一)当事人无正当理由不履行协议的,应当做好当事人的工作,督促其履行;

(二)如当事人提出协议内容不当,或者人民调解委员会发现协议内容不当的,应当在征得双方当事人同意后,经再次调解变更原协议内容;或者撤销原协议,达成新的调解协议;

(三)对经督促仍不履行人民调解协议的,应当告知当事人可以请求基层人民政府处理,也可以就调解协议的履行、变更、撤销向人民法院起诉。

第三十八条 对当事人因对方不履行调解协议或者达成协议后又反悔,起诉到人民法院的民事案件,原承办该纠纷调解的人民调解委员会应当配合人民法院对该案件的审判工作。

第六章 对人民调解工作的指导

第三十九条 各级司法行政机关应当采取切实措施,加强指导,不断推进本地区人民调解委员会的组织建设、队伍建设、业务建设和制度建设,规范人民调解工作,提高人民调解工作的质量和水平。

各级司法行政机关在指导工作中,应当加强与人民法院的协调和配合。

第四十条　各级司法行政机关应当采取多种形式,加强对人民调解员的培训,不断提高人民调解员队伍的素质。

第四十一条　各级司法行政机关对于成绩显著、贡献突出的人民调解委员会和人民调解员,应当定期或者适时给予表彰和奖励。

第四十二条　各级司法行政机关应当积极争取同级人民政府的支持,保障人民调解工作的指导和表彰经费;协调和督促村民委员会、居民委员会和企业事业单位,落实人民调解委员会的工作经费和人民调解员的补贴经费。

第四十三条　乡镇、街道司法所(科),司法助理员应当加强对人民调解委员会工作的指导和监督,负责解答、处理人民调解委员会或者纠纷当事人就人民调解工作有关问题的请示、咨询和投诉;应人民调解委员会的请求或者根据需要,协助、参与对具体纠纷的调解活动;对人民调解委员会主持达成的调解协议予以检查,发现违背法律、法规、规章和政策的,应当予以纠正;总结交流人民调解工作经验,调查研究民间纠纷的特点和规律,指导人民调解委员会改进工作。

第七章　附　　则

第四十四条　人民调解委员会工作所需的各种文书格式,由司法部统一制定。

第四十五条　本规定自2002年11月1日起施行。本规定发布前,司法部制定的有关规章、规范性文件与本规定相抵触的,以本规定为准。

最高人民法院关于人民调解协议司法确认程序的若干规定

（2011 年 3 月 21 日最高人民法院审判委员会第 1515 次会议通过　2011 年 3 月 23 日公布　法释〔2011〕5 号　自 2011 年 3 月 30 日起施行）

为了规范经人民调解委员会调解达成的民事调解协议的司法确认程序，进一步建立健全诉讼与非诉讼相衔接的矛盾纠纷解决机制，依照《中华人民共和国民事诉讼法》和《中华人民共和国人民调解法》的规定，结合审判实际，制定本规定。

第一条　当事人根据《中华人民共和国人民调解法》第三十三条的规定共同向人民法院申请确认调解协议的，人民法院应当依法受理。

第二条　当事人申请确认调解协议的，由主持调解的人民调解委员会所在地基层人民法院或者它派出的法庭管辖。

人民法院在立案前委派人民调解委员会调解并达成调解协议，当事人申请司法确认的，由委派的人民法院管辖。

第三条　当事人申请确认调解协议，应当向人民法院提交司法确认申请书、调解协议和身份证明、资格证明，以及与调解协议相关的财产权利证明等证明材料，并提供双方当事人的送达地址、电话号码等联系方式。委托他人代为申请的，必须向人民法院提交由委托人签名或者盖章的授权委托书。

第四条　人民法院收到当事人司法确认申请，应当在三日内决定是否受理。人民法院决定受理的，应当编立“调确字”案号，并及时向当事人送达受理通知书。双方当事人同时到法院申请司法确认的，人民法院可以当即受理并作出是否确认的决定。

有下列情形之一的，人民法院不予受理：

（一）不属于人民法院受理民事案件的范围或者不属于接受申请的人民法院管辖的；

（二）确认身份关系的；

（三）确认收养关系的；

（四）确认婚姻关系的。

第五条　人民法院应当自受理司法确认申请之日起十五日内作出是否确认的决定。因特殊情况需要延长的，经本院院长批准，可以延长十日。

在人民法院作出是否确认的决定前，一方或者双方当事人撤回司法确认申请的，人民法院应当准许。

第六条　人民法院受理司法确认申请后，应当指定一名审判人员对调解协议进行审查。人民法院在必要时可以通知双方当事人同时到场，当面询问当事人。当事人应当向人民法院如实陈述申请确认的调解协议的有关情况，保证提交的证明材料真实、合法。人民法院在审查中，认为当事人的陈述或者提供的证明材料不充分、不完备或者有疑义的，可以要求当事人补充陈述或者补充证明材料。当事人无正当理由未按时补充或者拒不接受询问的，可以按撤回司法确认申请处理。

第七条　具有下列情形之一的，人民法院不予确认调解协议效力：

（一）违反法律、行政法规强制性规定的；

（二）侵害国家利益、社会公共利益的；

（三）侵害案外人合法权益的；

（四）损害社会公序良俗的；

（五）内容不明确，无法确认的；

(六)其他不能进行司法确认的情形。

第八条 人民法院经审查认为调解协议符合确认条件的,应当作出确认决定书;决定不予确认调解协议效力的,应当作出不予确认决定书。

第九条 人民法院依法作出确认决定后,一方当事人拒绝履行或者未全部履行的,对方当事人可以向作出确认决定的人民法院申请强制执行。

第十条 案外人认为经人民法院确认的调解协议侵害其合法权益的,可以自知道或者应当知道权益被侵害之日起一年内,向作出确认决定的人民法院申请撤销确认决定。

第十一条 人民法院办理人民调解协议司法确认案件,不收取费用。

第十二条 人民法院可以将调解协议不予确认的情况定期或者不定期通报同级司法行政机关和相关人民调解委员会。

第十三条 经人民法院建立的调解员名册中的调解员调解达成协议后,当事人申请司法确认的,参照本规定办理。人民法院立案后委托他人调解达成的协议的司法确认,按照《最高人民法院关于人民法院民事调解工作若干问题的规定》(法释〔2004〕12 号)的有关规定办理。

司法部关于加强人民调解员培训工作的意见

(2003 年 7 月 8 日　司发通〔2003〕63 号)

各省、自治区、直辖市司法厅(局),新疆生产建设兵团司法局:

为进一步加强人民调解员队伍建设,充分发挥人民调解工作的职能作

用,现对人民调解员的培训工作提出以下意见:

一、充分认识加强人民调解员培训工作的意义

加强人民调解员的培训工作,是深入贯彻落实中办、国办转发的《最高人民法院、司法部关于进一步加强新时期人民调解工作的意见》(中办发〔2002〕23号文件)、最高人民法院《关于审理涉及人民调解协议的民事案件的若干规定》和司法部《人民调解工作若干规定》,改革和加强新时期人民调解工作的重要举措。目前,人民调解员的文化程度、法律政策水平和调解技能普遍难以适应新形势下人民调解工作的需要。只有大力提高人民调解员的素质,培养和造就一支懂法律、懂政策、热爱人民调解工作、熟悉人民调解工作程序和方法的人民调解员队伍,才能保证人民调解工作的质量和社会公信力,推动人民调解工作健康、顺利地发展,充分发挥人民调解制度在维护社会稳定中的重要作用。各级司法行政机关一定要充分认识加强人民调解员培训工作的重要性和紧迫性,切实把这项工作摆上重要位置,常抓不懈,抓出成效。

二、人民调解员培训工作的指导思想和工作目标

人民调解员培训工作,要以邓小平理论和"三个代表"重要思想为指导,认真贯彻落实中办发〔2002〕23号文件关于进一步加强新时期人民调解工作的意见,适应维护社会稳定大局的需要,坚持立足当前、着眼长远、统一规划、分级实施的工作思路,实现人民调解员培训工作的制度化和规范化,努力培养和造就一支高素质的人民调解员队伍。

当前和今后一个时期人民调解员培训工作的目标是:力争一年内使广大人民调解员能够了解中央关于加强人民调解工作的精神,明确人民调解工作改革的任务和要求,掌握人民调解的基本程序和方法,规范制作人民调解协议书;三年内使广大人民调解员普遍掌握调解一般民间纠纷常用的法律政策知识,其中乡镇、街道、企业事业单位、区域性、行业性调解组织的调解员能够较熟练地运用法律知识调解疑难、复杂的民间纠纷;五年内建立一支熟悉人民调解制度、较系统地掌握与调解民间纠纷有关的法律、法规和政策,熟练并灵活运用人民调解程序与方法,及时、优质、规范地调解民间纠纷的人民调解员队伍。

三、人民调解员培训的方式与分工

建立人民调解员岗位培训制度。岗位培训是人民调解员的任职培训,新选聘的人民调解员,必须经过岗位培训合格。岗位培训的主要任务是帮助新选聘的人民调解员学习、掌握人民调解工作有关的法律、法规、规章和政策,了解人民调解工作制度、工作程序和方法,初步具备开展人民调解工作的业务素质。岗位培训应当集中进行,时间一般不少于5天。

积极开展人民调解员年度培训。年度培训是对在岗人民调解员进行的知识更新和技能强化培训,主要任务是帮助人民调解员及时了解有关人民调解工作的新法规、新政策,把握人民调解工作的新形势、新要求,交流人民调解工作的新经验、新做法,强化调解方法和技能训练,不断适应人民调解工作发展的需要。年度培训一般累计不少于10天。

岗位培训、年度培训由县(市、区)和地区(市、州、盟)司法行政机关组织开展。地区(市、州、盟)司法局(处)主要负责培训辖区内大中型企业、区域性、行业性、乡镇、街道人民调解委员会主任、骨干调解员;县(市、区)司法局主要负责培训辖区内人民调解委员会主任、骨干调解员,指导和组织司法所培训辖区内人民调解员。培训后,组织培训的司法行政机关应当对参训人员进行考试或者考核。成绩合格的,由司法行政机关颁发证书并做出评定,作为人民调解员评比及奖励的重要依据;成绩不合格的应继续培训并补考,补考仍不合格的,应建议原选举聘任单位予以撤换。

为了从组织方式、培训方法、学习内容等方面为基层提供模式和样板。省(自治区、直辖市)司法厅(局)可以组织开展示范性培训。示范性培训的主要任务是学习、理解新颁布的有关人民调解工作的规范性文件,研究、探索人民调解员培训工作规律,总结、交流培训工作经验,为各地开展培训工作培养师资和骨干,其培训对象主要是各级司法行政机关人民调解管理干部、模范人民调解员代表。示范培训一般每年举行一次,具体安排由省(自治区、直辖市）司法厅（局）根据本地人民调解工作的发展与实际需要确定。

四、人民调解员培训的内容与方法

人民调解员培训的主要内容是：人民调解组织的性质、任务、工作原则；人民调解组织的设置和组成、人民调解员的条件和选任办法；人民调解工作制度、工作程序、基本方法和调解技巧；人民调解员的职业道德和工作纪律。调解常见、多发或疑难民间纠纷所依据的法律、法规、规章和有关政策知识等。

为了统一培训标准，规范培训内容，司法部将制定下发《人民调解员培训大纲》，并根据《人民调解员培训大纲》组织编发全国统一的培训教材。各地应当按照培训大纲要求，广泛发动和组织各级、各方面的力量，开展多渠道、多层次的培训工作。要从实际出发，采取多种形式开展培训工作，既可以举办培训班，也可以采取以会代训、研讨交流、实地考察、现场观摩、参与法院审判实践等形式开展培训。

五、加强领导，保障人民调解员培训工作的顺利开展

各省（自治区、直辖市）司法厅（局）应当根据本《意见》，结合本地实际，尽快制定本地区开展人民调解培训工作的总体规划和实施意见。要建立健全各项培训工作制度，加强督促、检查，确保培训落实，收到实效。要与人民法院密切配合，共同开展培训工作，提高培训质量和效果。要认真总结、推广培训工作经验，及时发现、解决培训工作中的问题，加强对基层培训工作的指导。

人民调解员队伍数量大、分布广、文化基础差，培训任务十分繁重。为此，要坚持培训工作重心下移，主要依靠县（市、区）司法行政机关及广大基层司法所，充分发挥他们在培训方面的职能和作用。要把人民调解员培训工作开展的情况和效果，作为考核县（市、区）司法行政机关和司法所工作的一个重要标准，促使县（市、区）司法行政机关和司法所切实负起培训责任。

多渠道筹集培训经费，保障培训工作顺利开展。依据司法部、财政部《关于修订“司法业务费工支范围的规定”的通知》（〔85〕司法计字第384

号)中关于人民调解培训经费的规定,积极协调争取财政部门落实并不断增加人民调解培训工作经费。要在现有工作经费中,尽可能做出调剂,加大培训投入。要主动争取各级党委政府的支持,解决人民调解委员会工作经费和人民调解员补贴经费,为广大人民调解员参加培训、学习提供条件。

财政部、司法部关于进一步加强人民调解工作经费保障的意见

(2007 年 7 月 9 日)

各省、自治区、直辖市财政厅(局)、司法厅(局),新疆生产建设兵团财务局、司法局:

人民调解制度是在党的领导下,继承发扬我国民间调解的传统并不断发展完善起来的一项重要法律制度。党的十六届六中全会提出了构建社会主义和谐社会的战略任务,对人民调解工作提出了新的更高的要求。为确保人民调解工作正常开展,调动广大调解员积极性,充分发挥人民调解在化解矛盾纠纷、维护社会稳定中的独特作用,现就进一步加强人民调解工作经费保障的问题提出如下意见:

一、人民调解工作经费的开支范围

根据司法部、财政部修订的《司法业务费开支范围的规定》(〔85〕司发计字第 384 号)和人民调解工作发展的需要,人民调解工作经费的开支范围包括司法行政机关指导人民调解工作经费、人民调解委员会工作补助经费、

人民调解员补贴经费。

1. 司法行政机关指导人民调解工作经费包括：人民调解工作宣传经费、培训经费、表彰奖励费等；

2. 人民调解委员会补助经费是指对人民调解委员会购置办公文具、文书档案和纸张等的补助费；

3. 人民调解员补贴经费是指发放给被司法行政部门正式聘请的人民调解员调解纠纷的生活补贴费。

二、人民调解工作经费的保障办法

1. 司法行政机关指导人民调解工作经费列入同级财政预算。

2. 为支持人民调解委员会和人民调解员的工作，地方财政根据当地经济社会发展水平和财力状况，适当安排人民调解委员会补助经费和人民调解员补贴经费。乡镇（街道）、村（居）委会、企事业单位等设立人民调解委员会和人民调解员的机构应继续在各方面对其提供支持。

3. 人民调解委员会补助经费、人民调解员补贴经费的安排和发放应考虑每个人民调解委员会及调解员调解纠纷的数量、质量、纠纷的难易程度、社会影响大小以及调解的规范化程度。补助和补贴标准可由县级司法行政部门商同级财政部门确定。

三、人民调解工作经费的管理

1. 人民调解工作经费由各级财政部门会同司法行政部门共同管理。司法行政部门要每年编报经费预算，报同级财政部门审批；使用过程中要严格把关，杜绝弄虚作假、瞒报、虚报现象。财政部门要加强对司法行政部门人民调解工作经费管理的监督检查。

2. 财政部门和司法行政部门要加强协调配合，及时研究解决工作中遇到的新情况、新问题，将人民调解工作经费保障落到实处，促进人民调解工作的进一步发展。

最高人民法院、司法部关于进一步加强新形势下人民调解工作的意见

（2007年8月23日 司发〔2007〕10号）

各省、自治区、直辖市高级人民法院、司法厅（局），解放军军事法院，新疆维吾尔自治区高级人民法院新疆生产建设兵团分院、新疆生产建设兵团司法局：

近年来，在党中央、国务院的正确领导和支持下，在各级党委、政府的重视支持和各级人民法院、司法行政机关的指导下，各地认真贯彻落实《中共中央办公厅、国务院办公厅关于转发〈最高人民法院、司法部关于进一步加强新时期人民调解工作的意见〉的通知》（中办发〔2002〕23号），自觉围绕党委、政府中心工作，广泛深入开展人民调解工作，取得了显著成绩。人民调解组织逐步健全，人民调解员队伍不断发展，人民调解工作领域不断拓展，规范化水平不断提高，有效预防和及时化解了大量矛盾纠纷，为维护社会稳定、促进社会和谐、推动经济社会发展做出了积极贡献。党的十六届六中全会通过的《中共中央关于构建社会主义和谐社会若干重大问题的决定》，对构建社会主义和谐社会做出了全面部署，其中对人民调解工作提出了明确要求。构建社会主义和谐社会，给人民调解工作赋予了更大的责任，提供了更广阔的舞台。为深入贯彻落实党的十六大和十六届六中全会精神，充分

发挥人民调解在构建社会主义和谐社会中的积极作用，现就进一步加强新形势下人民调解工作提出如下意见。

一、充分认识加强新形势下人民调解工作的重要意义。人民调解制度是一项中国特色社会主义法律制度。加强新形势下人民调解工作，是构建社会主义和谐社会的客观要求，是预防和化解矛盾纠纷、促进社会和谐稳定的有效途径，在社会矛盾纠纷调解工作体系中具有基础作用。当前，我国社会总体上是和谐稳定的，经济持续平稳较快发展，综合国力大幅度提高，社会事业不断进步，人民生活不断改善，社会主义民主政治建设稳步推进。但影响社会和谐稳定的因素仍大量存在。随着经济体制深刻变革，社会结构深刻变动，利益格局深刻调整，思想观念深刻变化，我国经济社会生活中还会出现新的矛盾和问题。在长期实践中，我国形成了调解、仲裁、诉讼等多种矛盾纠纷化解方式。人民调解组织遍布城乡、网络健全，人民调解员植根基层、贴近群众，人民调解工作具有平等协商、互谅互让、不伤感情、成本低、效率高的特点，易为人民群众所接受，在化解矛盾纠纷中具有独特优势。加强人民调解工作，及时化解矛盾纠纷，促进人与人的和谐相处，促进民主法治建设，促进社会安定有序，既是构建社会主义和谐社会的重要内容，又是构建社会主义和谐社会的重要保障。各级人民法院、司法行政机关，要充分认识人民调解工作在构建社会主义和谐社会中的重要作用，进一步增强责任感和使命感，把加强人民调解工作贯穿于构建社会主义和谐社会整个过程，不断推进人民调解工作改革发展，最大限度地增加和谐因素，最大限度地减少不和谐因素。当前和今后一个时期人民调解工作总的要求是：以邓小平理论和"三个代表"重要思想为指导，深入贯彻落实科学发展观，深入贯彻落实党的十六大和十六届六中全会精神，深入贯彻落实党中央、国务院关于做好人民调解工作的一系列重要指示精神，深入贯彻落实中办发〔2002〕23号文件精神，坚持围绕中心、服务大局，以人为本、服务群众，以化解矛盾纠纷为主线，进一步发挥人民调解化解矛盾纠纷的功能、预防矛盾纠纷的功能和法制宣传教育的功能，进一步加强人民调解组织和队伍建设，进一步加强人民调解工作法制化、规范化建设，积极推进人民调解工作创新，不断完善中国特色人民调解制度，积极化解矛盾纠纷，维护社会和谐稳定，为构建社会主义和谐社会和全面建设小康社会做出新的贡献。

二、积极化解矛盾纠纷。以化解社会矛盾纠纷为主线，进一步发挥人民调解化解矛盾纠纷的功能。要加强婚姻、家庭、邻里、损害赔偿和生产经营等常见性、多发性矛盾纠纷的调解工作，促进家庭和谐、邻里和睦，维持和发展和谐的人际关系和社会关系。努力适应新形势下矛盾纠纷发展变化的趋势，大力拓展调解领域，依法调解公民与法人、公民与其他社会组织之间的纠纷，积极参与城乡建设、土地承包、环境保护、劳动争议、医患纠纷、征地拆迁等社会热点、难点纠纷的调解，促进解决民生问题，缓解利益冲突，密切党群干群关系。对调解不成的，要及时主动向当地党委、政府汇报，依靠党委政府和基层组织妥善解决，努力维护社会和谐稳定。

三、认真做好矛盾纠纷预防工作。把预防矛盾纠纷作为新形势下人民调解工作的重点，进一步强化人民调解预防矛盾纠纷的功能。建立健全矛盾纠纷情报信息网络，完善信息收集、报送、分析制度，准确了解掌握民间矛盾纠纷信息，及时发现可能导致矛盾纠纷的潜在因素，对各类矛盾纠纷信息做出快速反应、及时处置。建立健全矛盾纠纷定期排查制度，立足抓早抓小抓苗头，认真做好矛盾纠纷排查调处工作，努力把矛盾纠纷消灭在萌芽状态，防止简单民间纠纷转化为刑事案件，引发群体性事件。建立健全矛盾纠纷信息反馈机制，及时向基层党委、政府反映社情民意，提出工作建议，当好党委、政府化解矛盾纠纷、维护社会稳定的参谋助手。

四、强化人民调解的法制宣传教育功能。要把个案调解与有针对性地开展法制宣传教育结合起来，开展生动活泼的法制宣传教育活动，增强当事人和广大群众的法律意识，教育引导广大群众遵纪守法，通过合法的渠道反映合理的诉求，依法维护自己的合法权益。要把人民调解与宣传党和国家的方针政策结合起来，教育引导人民群众理解支持党和政府的政策措施，自觉维护改革发展稳定的大局。要把人民调解与思想道德教育结合起来，宣传以“八荣八耻”为主要内容的社会主义荣辱观，宣传社会公德、职业道德和家庭美德，提高人民群众的思想道德水平。

五、进一步加强人民调解与诉讼程序的衔接配合。人民调解组织要依法调解矛盾纠纷，规范制作人民调解协议书。各级人民法院特别是基层人民法院及其派出的人民法庭，要严格按照《最高人民法院关于审理涉及人民调解协议的民事案件的若干规定》，及时受理涉及人民调解协议的民事案件，并依法确认人民调解协议的法律效力。当事人持已经生效的人民调解协议向人民法院申请支付令的，人民法院应当及时审查，符合法定条件的，应当及时发出支付令。人民法院对于常见性、多发性的简单民事纠纷，在当事人起诉时或立案前，可以引导当事人通过人民调解解决矛盾纠纷。人民法院对于进入诉讼程序的民事案件，在征得当事人的同意后，可以委托人民调解组织对案件进行调解。人民法院对刑事自诉案件和其他轻微刑事案件，可以根据案件实际情况，参照民事调解的原则和程序，尝试推动当事人和解，尝试委托人民调解组织调解。

六、积极推进人民调解工作创新。要创新人民调解工作理念。坚持以人为本，服务群众，把维护群众切身利益、促进民生问题解决作为人民调解工作的根本出发点。要创新人民调解工作方法。根据矛盾纠纷的性质、难易程度以及当事人的具体情况，充分利用“村头”、“地头”、“街头”“炕头”调解等适应基层特点的、群众喜闻乐见的方式，综合运用教育、协商、疏导等办法，因地制宜、不失时机地开展人民调解工作。充分依靠人民群众开展调解工作，引导群众自我管理、自我服务、自我教育、自我约束。注意邀请专家学者和有关部门的工作人员参与专业性较强的纠纷调解工作。积极探索运用网络、通讯等现代科技手段开展人民调解工作，方便人民群众，提高工作效率。要创新人民调解工作机制。把人民调解工作与基层民主政治建设相结合，与社会治安综合治理相结合，与人民来信来访工作相结合。积极推进人民调解、行政调解和司法调解的有效衔接，着力构建在党委政府领导下，以人民调解为基础，人民调解、行政调解和司法调解相互衔接、相互补充的调解工作体系。

七、大力推进人民调解法制化、规范化建设。坚持公开、公平、公正的要求，遵循依法调解、平等自愿、尊重当事人诉讼权利的原则，依法规范调解，维护当事人合法权益。立足人民调解的性质和特点，规范人民调解工作范围。细化调解工作流程，规范人民调解工作程序。建立健全人民调解委员会的岗位责任制、重大纠纷讨论、回访等制度，规范人民调解工作管理。制定人民调解员行为规范，严格人民调解工作纪律。继续推进统一人民调解文书格式和标识徽章工作。要积极推动人民调解立法工作，修改完善有关法规制度，确保人民调解工作有法可依、依法进行。

八、大力加强人民调解组织建设。要结合农村基层组织建设和城市社区建设，进一步巩固和发展村（居）人民调解委员会。切实加强乡镇（街道）调解组织建设，健全完善乡镇（街道）人民调解组织，充分发挥其化解疑难复杂纠纷、指导村（居）调解组织开展工作的作用。进一步加强企事业单位调解组织建设，着力推进改制企业、民营企业、中外合资企业和外资企业调解组织建设。积极稳妥地发展区域性、行业性的自律性调解组织，积极推进在流动人口聚居区、毗邻接边地区、大型集贸市场、物业管理小区、消费者协会等建立调解组织，建立健全组织网络，活跃人民调解工作，不断增强自身活力。

九、大力加强人民调解员队伍建设。健全完善人民调解员选任、聘任制度，按照《人民调解工作若干规定》中人民调解员选任条件，调整、充实、健全人民调解员队伍。积极吸纳退休法官、检察官、警官，以及律师、公证员、法律工作者等志愿者参与人民调解工作，不断优化调解员队伍的知识结构。要加大人民调解员培训力度，把调解员培训纳入司法行政队伍培训计划，坚持统一规划、分级实施，切实加强人民调解员培训工作，重点加强对人民调解小组长和人民调解骨干的培训，不断提高人民调解员的政治素质、业务能力和调解技巧。要切实关心爱护广大人民调解员，帮助解决实际困难，解除他们的后顾之忧，引导好、发挥好、保护好他们的工作积极性。要大力宣传表彰在人民调解工作中做出突出贡献的人民调解组织和人民调解员，总结推广他们的好经验、好做法，推动人民调解工作不断发展。

十、切实保障人民调解经费。要根据新形势下人民调解工作发展的实际需要，积极推进建立人民调解经费财政保障机制，切实提高人民调解工作物质保障能力。要根据当地经济社会发展水平，不断提高人民调解委员会工作经费和人民调解员补贴标准。要认真贯彻落实《财政部司法部关于进一步加强人民调解工作经费保障的意见》，把司法行政机关指导人民调解工作经费、人民调解委员会工作经费和人民调解员补贴经费列入财政预算，切实予以保障。要切实加强人民调解经费管理，研究制定使用管理办法，管好用好人民调解经费。

十一、进一步加强对人民调解工作指导。各级人民法院和司法行政机关要进一步加强协调配合，共同履行好指导人民调解工作的法定职责。要积极向党委、政府报告，争取党委、政府的领导和重视，把人民调解工作列入党委、政府工作日程，研究解决人民调解工作中遇到的重大问题。各级人民法院和司法行政机关，要深入基层、深入群众，加强调查研究，了解把握新形势下人民调解工作的规律和特点，采取有针对性的措施，不断加强人民调解的组织建设、队伍建设和规范化建设，推动本地区人民调解工作深入发展。要一切从实际出发，区别不同地区、不同行业、不同层次的人民调解组织的不同情况，实施分类指导。人民法庭和司法所要切实加强对人民调解组织日常工作的指导和监督，不断提高人民调解工作的质量和水平。要认真落实党中央、国务院关于加强“两所一庭”建设的指示精神，大力加强人民法庭和司法所基础设施建设、业务建设、队伍建设，加大对直接负有人民调解工作指导责任的人民法官和司法行政工作人员的教育培训力度。不断提高他们指导人民调解工作的能力和水平，努力推进人民调解工作改革发展，为构建社会主义和谐社会和全面建设小康社会做出新的贡献。

最高人民法院关于建立健全诉讼与非诉讼相衔接的矛盾纠纷解决机制的若干意见

（2009年7月24日 法发〔2009〕45号）

为发挥人民法院在建立健全诉讼与非诉讼相衔接的矛盾纠纷解决机制方面的积极作用，促进各种纠纷解决机制的发展，现制定以下意见。

一、明确主要目标和任务要求

1. 建立健全诉讼与非诉讼相衔接的矛盾纠纷解决机制的主要目标是：充分发挥人民法院、行政机关、社会组织、企事业单位以及其他各方面的力量，促进各种纠纷解决方式相互配合、相互协调和全面发展，做好诉讼与非诉讼渠道的相互衔接，为人民群众提供更多可供选择的纠纷解决方式，维护社会和谐稳定，促进经济社会又好又快发展。

2. 建立健全诉讼与非诉讼相衔接的矛盾纠纷解决机制的主要任务是：充分发挥审判权的规范、引导和监督作用，完善诉讼与仲裁、行政调处、人民调解、商事调解、行业调解以及其他非诉讼纠纷解决方式之间的衔接机制，推动各种纠纷解决机制的组织和程序制度建设，促使非诉讼纠纷解决方式更加便捷、灵活、高效，为矛盾纠纷解决机制的繁荣发展提供司法保障。

3. 在建立健全诉讼与非诉讼相衔接的矛盾纠纷解决机制的过程中，必须紧紧依靠党委领导，积极争取政府支持，鼓励社会各界参与，充分发挥司法的推动作用;必须充分保障当事人依法处分自己的民事权利和诉讼权利。

二、促进非诉讼纠纷解决机制的发展

4. 认真贯彻执行《中华人民共和国仲裁法》和相关司法解释,在仲裁协议效力、证据规则、仲裁程序、裁决依据、撤销裁决审查标准、不予执行裁决审查标准等方面,尊重和体现仲裁制度的特有规律,最大程度地发挥仲裁制度在纠纷解决方面的作用。对于仲裁过程中申请证据保全、财产保全的,人民法院应当依法及时办理。

5. 认真贯彻执行《中华人民共和国劳动争议调解仲裁法》和相关司法解释的规定,加强与劳动、人事争议等仲裁机构的沟通和协调,根据劳动、人事争议案件的特点采取适当的审理方式,支持和鼓励仲裁机制发挥作用。对劳动、人事争议仲裁机构不予受理或者逾期未作出决定的劳动、人事争议事项,申请人向人民法院提起诉讼的,人民法院应当依法受理。

6. 要进一步加强与农村土地承包仲裁机构的沟通和协调,妥善处理农村土地承包纠纷,努力为农村改革发展提供强有力的司法保障和法律服务。当事人对农村土地承包仲裁机构裁决不服而提起诉讼的,人民法院应当及时审理。当事人申请法院强制执行已经发生法律效力的裁决书和调解书的,人民法院应当依法及时执行。

7. 人民法院要大力支持、依法监督人民调解组织的调解工作,在审理涉及人民调解协议的民事案件时,应当适用有关法律规定。

8. 为有效化解行政管理活动中发生的各类矛盾纠纷,人民法院鼓励和支持行政机关依当事人申请或者依职权进行调解、裁决或者依法作出其他处理。调解、裁决或者依法作出的其他处理具有法律效力。当事人不服行政机关对平等主体之间民事争议所作的调解、裁决或者其他处理,以对方当事人为被告就原争议向人民法院起诉的,由人民法院作为民事案件受理。法律或司法解释明确规定作为行政案件受理的,人民法院在对行政行为进行审查时,可对其中的民事争议一并审理,并在作出行政判决的同时,依法对当事人之间的民事争议一并作出民事判决。

行政机关依法对民事纠纷进行调处后达成的有民事权利义务内容的调解协议或者作出的其他不属于可诉具体行政行为的处理,经双方当事人签字或者盖章后,具有民事合同性质,法律另有规定的除外。

9. 没有仲裁协议的当事人申请仲裁委员会对民事纠纷进行调解的,由该仲裁委员会专门设立的调解组织按照公平中立的调解规则进行调解后达成的有民事权利义务内容的调解协议,经双方当事人签字或者盖章后,具有民事合同性质。

10. 人民法院鼓励和支持行业协会、社会组织、企事业单位等建立健全调解相关纠纷的职能和机制。经商事调解组织、行业调解组织或者其他具有调解职能的组织调解后达成的具有民事权利义务内容的调解协议,经双方当事人签字或者盖章后,具有民事合同性质。

11. 经《中华人民共和国劳动争议调解仲裁法》规定的调解组织调解达成的劳动争议调解协议,由双方当事人签名或者盖章,经调解员签名并加盖调解组织印章后生效,对双方当事人具有合同约束力,当事人应当履行。双方当事人可以不经仲裁程序,根据本意见关于司法确认的规定直接向人民法院申请确认调解协议效力。人民法院不予确认的,当事人可以向劳动争议仲裁委员会申请仲裁。

12. 经行政机关、人民调解组织、商事调解组织、行业调解组织或者其他具有调解职能的组织对民事纠纷调解后达成的具有给付内容的协议,当事人可以按照《中华人民共和国公证法》的规定申请公证机关依法赋予强制执行效力。债务人不履行或者不适当履行具有强制执行效力的公证文书的,债权人可以依法向有管辖权的人民法院申请执行。

13. 对于具有合同效力和给付内容的调解协议,债权人可以根据《中华人民共和国民事诉讼法》和相关司法解释的规定向有管辖权的基层人民法院申请支付令。申请书应当写明请求给付金钱或者有价证券的数量和所根据的事实、证据,并附调解协议原件。

因支付拖欠劳动报酬、工伤医疗费、经济补偿或者赔偿金事项达成调解协议，用人单位在协议约定期限内不履行的，劳动者可以持调解协议书依法向人民法院申请支付令。

三、完善诉讼活动中多方参与的调解机制

14. 对属于人民法院受理民事诉讼的范围和受诉人民法院管辖的案件，人民法院在收到起诉状或者口头起诉之后、正式立案之前，可以依职权或者经当事人申请后，委派行政机关、人民调解组织、商事调解组织、行业调解组织或者其他具有调解职能的组织进行调解。当事人不同意调解或者在商定、指定时间内不能达成调解协议的，人民法院应当依法及时立案。

15. 经双方当事人同意，或者人民法院认为确有必要的，人民法院可以在立案后将民事案件委托行政机关、人民调解组织、商事调解组织、行业调解组织或者其他具有调解职能的组织协助进行调解。当事人可以协商选定有关机关或者组织，也可商请人民法院确定。

调解结束后，有关机关或者组织应当将调解结果告知人民法院。达成调解协议的，当事人可以申请撤诉、申请司法确认，或者由人民法院经过审查后制作调解书。调解不成的，人民法院应当及时审判。

16. 对于已经立案的民事案件，人民法院可以按照有关规定邀请符合条件的组织或者人员与审判组织共同进行调解。调解应当在人民法院的法庭或者其他办公场所进行，经当事人同意也可以在法院以外的场所进行。达成调解协议的，可以允许当事人撤诉，或者由人民法院经过审查后制作调解书。调解不成的，人民法院应当及时审判。

开庭前从事调解的法官原则上不参与同一案件的开庭审理，当事人同意的除外。

17. 有关组织调解案件时，在不违反法律、行政法规强制性规定的前提下，可以参考行业惯例、村规民约、社区公约和当地善良风俗等行为规范，引导当事人达成调解协议。

18. 在调解过程中当事人有隐瞒重要事实、提供虚假情况或者故意拖延时间等行为的，调解员可以给予警告或者终止调解，并将有关情况报告委派或委托人民法院。当事人的行为给其他当事人或者案外人造成损失的，应当承担相应的法律责任。

19. 调解过程不公开，但双方当事人要求或者同意公开调解的除外。

从事调解的机关、组织、调解员，以及负责调解事务管理的法院工作人员，不得披露调解过程的有关情况，不得在就相关案件进行的诉讼中作证，当事人不得在审判程序中将调解过程中制作的笔录、当事人为达成调解协议而作出的让步或者承诺、调解员或者当事人发表的任何意见或者建议等作为证据提出，但下列情形除外：

（一）双方当事人均同意的；

（二）法律有明确规定的；

（三）为保护国家利益、社会公共利益、案外人合法权益，人民法院认为确有必要的。

四、规范和完善司法确认程序

20. 经行政机关、人民调解组织、商事调解组织、行业调解组织或者其他具有调解职能的组织调解达成的具有民事合同性质的协议，经调解组织和调解员签字盖章后，当事人可以申请有管辖权的人民法院确认其效力。当事人请求履行调解协议、请求变更、撤销调解协议或者请求确认调解协议无效的，可以向人民法院提起诉讼。

21. 当事人可以在书面调解协议中选择当事人住所地、调解协议履行地、调解协议签订地、标的物所在地基层人民法院管辖，但不得违反法律对专属管辖的规定。当事人没有约定的，除《中华人民共和国民事诉讼法》第三十四条规定的情形外，由当事人住所地或者调解协议履行地的基层人民法院管辖。经人民法院委派或委托有关机关或者组织调解达成的调解协议的申请确认案件，由委派或委托人民法院管辖。

22. 当事人应当共同向有管辖权的人民法院以书面形式或者口头形式提出确认申请。一方当事人提出申请，另一方表示同意的，视为共同提出申请。当事人提出申请时，应当向人民法院提交调解协议书、承诺书。人民法

院在收到申请后应当及时审查,材料齐备的,及时向当事人送达受理通知书。双方当事人签署的承诺书应当明确载明以下内容:

(一)双方当事人出于解决纠纷的目的自愿达成协议,没有恶意串通、规避法律的行为;

(二)如果因为该协议内容而给他人造成损害的,愿意承担相应的民事责任和其他法律责任。

23. 人民法院审理申请确认调解协议案件,参照适用《中华人民共和国民事诉讼法》有关简易程序的规定。案件由审判员一人独任审理,双方当事人应当同时到庭。人民法院应当面询问双方当事人是否理解所达成协议的内容,是否接受因此而产生的后果,是否愿意由人民法院通过司法确认程序赋予该协议强制执行的效力。

24. 有下列情形之一的,人民法院不予确认调解协议效力:

(一)违反法律、行政法规强制性规定的;

(二)侵害国家利益、社会公共利益的;

(三)侵害案外人合法权益的;

(四)涉及是否追究当事人刑事责任的;

(五)内容不明确,无法确认和执行的;

(六)调解组织、调解员强迫调解或者有其他严重违反职业道德准则的行为的;

(七)其他情形不应当确认的。

当事人在违背真实意思的情况下签订调解协议,或者调解组织、调解员与案件有利害关系、调解显失公正的,人民法院对调解协议效力不予确认,但当事人明知存在上述情形,仍坚持申请确认的除外。

25. 人民法院依法审查后,决定是否确认调解协议的效力。确认调解协议效力的决定送达双方当事人后发生法律效力,一方当事人拒绝履行的,另一方当事人可以依法申请人民法院强制执行。

五、建立健全工作机制

26. 有条件的地方人民法院可以按照一定标准建立调解组织名册和调解员名册,以便于引导当事人选择合适的调解组织或者调解员调解纠纷。人民法院可以根据具体情况及时调整调解组织名册和调解员名册。

27. 调解员应当遵守调解员职业道德准则。人民法院在办理相关案件过程中发现调解员与参与调解的案件有利害关系,可能影响其保持中立、公平调解的,或者调解员有其他违反职业道德准则的行为的,应当告知调解员回避、更换调解员、终止调解或者采取其他适当措施。除非当事人另有约定,人民法院不允许调解员在参与调解后又在就同一纠纷或者相关纠纷进行的诉讼程序中作为一方当事人的代理人。

28. 根据工作需要,人民法院指定院内有关单位或者人员负责管理协调与调解组织、调解员的沟通联络、培训指导等工作。

29. 各级人民法院应当加强与其他国家机关、社会组织、企事业单位和相关组织的联系,鼓励各种非诉讼纠纷解决机制的创新,通过适当方式参与各种非诉讼纠纷解决机制的建设,理顺诉讼与非诉讼相衔接过程中出现的各种关系,积极推动各种非诉讼纠纷解决机制的建立和完善。

30. 地方各级人民法院应当根据实际情况,制定关于调解员条件、职业道德、调解费用、诉讼费用负担、调解管理、调解指导、衔接方式等规范。高级人民法院制定的相关工作规范应当报最高人民法院备案。基层人民法院和中级人民法院制定的相关工作规范应当报高级人民法院备案。

最高人民法院关于进一步贯彻"调解优先、调判结合"工作原则的若干意见

（2010 年 6 月 7 日　法发〔2010〕16 号）

"调解优先、调判结合"工作原则是认真总结人民司法实践经验，深刻分析现阶段形势任务得出的科学结论，是人民司法优良传统的继承和发扬，是人民司法理论和审判制度的发展创新，对于充分发挥人民法院调解工作在化解社会矛盾、维护社会稳定、促进社会和谐中的积极作用，具有十分重要的指导意义。为进一步贯彻该工作原则，特制定本意见。

一、牢固树立调解意识，进一步增强贯彻"调解优先、调判结合"工作原则的自觉性

1. 深刻认识新时期加强人民法院调解工作的重要性。全面加强调解工作，是继承中华民族优秀文化和发扬人民司法优良传统的必然要求，是发挥中国特色社会主义司法制度政治优势的必然要求，是维护社会和谐稳定的必然要求，是充分发挥人民法院职能作用的必然要求。

我国正处于经济社会发展的重要战略机遇期和社会矛盾凸显期，维护社会和谐稳定的任务艰巨繁重。深入推进社会矛盾化解、社会管理创新、公正廉洁执法三项重点工作，是人民法院在新形势下履行自身历史使命的必然要求，是人民法院积极回应人民群众关切的必然要求，也是当前和今后一

个时期人民法院的首要工作任务。“调解优先、调判结合”既是推动矛盾化解的重要原则,也是社会管理创新的重要内容,又是对法官司法能力的考验。深入推进三项重点工作,必须坚决贯彻这一工作原则,不断增强调解意识,积极创新调解机制,努力提高调解能力,着力推动人民调解、行政调解、司法调解“三位一体”大调解工作体系建设,有效化解社会矛盾,真正实现案结事了,为保障经济社会又好又快发展,维护社会和谐稳定,提供更加有力的司法保障和服务。

2. 牢固树立“调解优先”理念。调解是高质量审判,调解是高效益审判,调解能力是高水平司法能力。调解有利于化解社会矛盾,实现案结事了,有利于修复当事人之间的关系,实现和谐。各级法院要深刻认识调解在有效化解矛盾纠纷、促进社会和谐稳定中所具有的独特优势和重要价值,切实转变重裁判、轻调解的观念,把调解作为处理案件的首要选择,自觉主动地运用调解方式处理矛盾纠纷,把调解贯穿于立案、审判和执行的各个环节,贯穿于一审、二审、执行、再审、申诉、信访的全过程,把调解主体从承办法官延伸到合议庭所有成员、庭领导和院领导,把调解、和解和协调案件范围从民事案件逐步扩展到行政案件、刑事自诉案件、轻微刑事案件、刑事附带民事案件、国家赔偿案件和执行案件,建立覆盖全部审判执行领域的立体调解机制。要带着对当事人的真挚感情,怀着为当事人解难题、办实事的愿望去做调解工作。要做到能调则调,不放过诉讼和诉讼前后各个阶段出现的调解可能性,尽可能把握一切调解结案的机会。

3. 准确认识和把握“调解优先、调判结合”工作原则。要紧紧围绕“案结事了”目标,正确处理好调解与裁判这两种审判方式的关系。在处理案件过程中,首先要考虑用调解方式处理;要做到调解与裁判两手都要抓,两手都要硬;不论是调解还是裁判,都必须立足于有效化解矛盾纠纷、促进社会和谐,定分止争,实现法律效果与社会效果的有机统一。要根据每个案件的性质、具体情况和当事人的诉求,科学把握运用调解或者裁判方式处理案件的基础和条件。对于有调解可能的,要尽最大可能促成调解;对于没有调解可能的、法律规定不得调解的案件，要尽快裁判，充分发挥调解与裁判两种手段的作用。既要注意纠正不顾办案效果、草率下判的做法，也要注意纠正片面追求调解率、不顾当事人意愿强迫调解的做法。要努力实现调解结案率和息诉服判率的“两上升”，实现涉诉信访率和强制执行率的“两下降”，推动人民法院调解工作迈上新台阶，实现新发展。

二、完善调解工作制度，抓好重点环节，全面推进调解工作

4. 进一步强化民事案件调解工作。各级法院特别是基层法院要把调解作为处理民事案件的首选结案方式和基本工作方法。对依法和依案件性质可以调解的所有民事案件都要首先尝试通过运用调解方式解决，将调解贯穿于民事审判工作的全过程和所有环节。

对《最高人民法院关于适用简易程序审理民事案件的若干规定》第十四条规定的婚姻家庭纠纷、继承纠纷、劳务合同纠纷、交通事故和工伤事故引起的权利义务关系较为明确的损害赔偿纠纷、宅基地和相邻关系纠纷、合伙协议纠纷、诉讼标的额较小的民事纠纷，在开庭审理时应当先行调解。但是根据案件的性质和当事人的实际情况不能调解或者显然没有调解必要的除外。

要下大力气做好以下民事案件的调解工作：事关民生和群体利益、需要政府和相关部门配合的案件；可能影响社会和谐稳定的群体性案件、集团诉讼案件、破产案件；民间债务、婚姻家庭继承等民事纠纷案件；案情复杂、难以形成证据优势的案件；当事人之间情绪严重对立的案件；相关法律法规没有规定或者规定不明确、适用法律有一定困难的案件；判决后难以执行的案件；社会普遍关注的敏感性案件；当事人情绪激烈、矛盾激化的再审案件、信访案件。

对《最高人民法院关于人民法院民事调解工作若干问题的规定》第二条规定的适用特别程序、督促程序、公示催告程序、破产还债程序的案件，婚姻关系、身份关系确认案件以及其他依案件性质不能进行调解的民事案件，不予调解。

5. 积极探索刑事案件调解、和解工作。要在依法惩罚犯罪的同时，按照宽严相济刑事政策的要求，通过积极有效的调解工作，化解当事人恩怨和对抗情绪，促进社会和谐。

要根据刑事诉讼法有关规定，积极开展刑事自诉案件调解工作，促进双方自行和解。对被告人认罪悔过，愿意赔偿被害人损失，取得被害人谅解，从而达成和解协议的，可以由自诉人撤回起诉，或者对被告人依法从轻或免予刑事处罚。对民间纠纷引发的轻伤害等轻微刑事案件，诉至法院后当事人自行和解的，应当准许并记录在案。也可以在不违反法律规定的前提下，对此类案件尝试做一些促进和解的工作。

对刑事附带民事诉讼案件，要在调解的方法、赔偿方式、调解案件适用时间、期间和审限等方面进行积极探索，把握一切有利于附带民事诉讼调解结案的积极因素，争取达成民事赔偿调解协议，为正确适用法律和执行宽严相济刑事政策创造条件。

6. 着力做好行政案件协调工作。在依法维护和监督行政机关依法行使行政职权的同时，要针对不同案件特点，通过积极有效的协调、和解，妥善化解行政争议。

在不违背法律规定的前提下，除了对行政赔偿案件依法开展调解外，在受理行政机关对平等主体之间的民事争议所作的行政裁决、行政确权等行政案件，行政机关自由裁量权范围内的行政处罚、行政征收、行政补偿和行政合同等行政案件，以及具体行政行为违法或者合法但不具有合理性的行政案件时，应当重点做好案件协调工作。

对一些重大疑难、影响较大的案件，要积极争取党委、人大支持和上级行政机关配合，邀请有关部门共同参与协调。对具体行政行为违法或者合法但不具有合理性的行政案件，要通过协调尽可能促使行政机关在诉讼中自行撤销违法行为，或者自行确认具体行政行为无效，或者重新作出处理决定。

7. 努力做好执行案件和解工作。要进一步改进执行方式，充分运用调解手段和执行措施，积极促成执行和解，有效化解执行难题。

对被执行财产难以发现的，要充分发挥执行联动威慑机制的作用，通过限制高消费措施、被执行人报告财产制度，以及委托律师调查、强制审计、公安机关协查等方式方法，最大限度地发现被执行人的财产，敦促被执行人提出切实可行的还款计划。

对被执行人系危困、改制、拟破产企业的，要协调有关部门和被执行人，综合运用执行担保、以物抵债、债转股等方式，促成双方当事人达成执行和解协议。

8. 进一步做好诉前调解工作。在收到当事人起诉状或者口头起诉之后、正式立案之前，对于未经人民调解、行政调解、行业调解等非诉讼纠纷解决方式调处的案件，要积极引导当事人先行就近、就地选择非诉讼调解组织解决纠纷，力争将矛盾纠纷化解在诉前。

当事人选择非诉讼调解的，应当暂缓立案；当事人不同意选择非诉讼调解的，或者经非诉讼调解未达成协议，坚持起诉的，经审查符合相关诉讼法规定的受理条件的，应当及时立案。

要进一步加强与人民调解组织、行政调解组织以及其他调解组织的协调与配合，有条件的基层法院特别是人民法庭应当设立诉前调解工作室或者"人民调解窗口"，充分发挥诉前调解的案件分流作用。

9. 进一步强化立案调解工作。在案件立案之后、移送审判业务庭之前，要充分利用立案窗口"第一时间接触当事人、第一时间了解案情"的优势，积极引导当事人选择调解方式解决纠纷。

对事实清楚、权利义务关系明确、争议不大的简单民事案件，在立案后应当及时调解；对可能影响社会和谐稳定的群体性案件、集团诉讼案件，敏感性强、社会广泛关注的案件，在立案后也要尽可能调解。对当事人拒绝调解的，无法及时与当事人及其委托代理人取得联系的，或者案情复杂、争议较大的案件，以及法律规定不得调解的案件，应当在立案后及时移送审理。对在调解过程中发现案件涉及国家利益、社会公共利益和第三人利益的，案件需要审计、评估、鉴定的，或者需要人民法院调查取证的，应当终结调解程序，及时移送审理。

立案阶段的调解应当坚持以效率、快捷为原则，避免案件在立案阶段积压。适用简易程序的一审民事案件，立案阶段调解期限原则上不超过立案后 10 日；适用普通程序的一审民事案件，立案阶段调解期限原则上不超过 20 日，经双方当事人同意，可以再延长 10 日。延长的调解期间不计入审限。

10. 积极探索和加强庭前调解工作。在案件移送审判业务庭、开庭审理之前，当事人同意调解的，要及时进行调解。要进一步加强庭前调解组织建设，有条件的人民法院可以探索建立专门的庭前调解组织。要进一步优化审判资源配置，有条件的人民法院可以探索试行法官助理等审判辅助人员开展庭前调解工作，提高调解工作效率，减轻审判人员的工作负担。

11. 继续抓好委托调解和协助调解工作。在案件受理后、裁判作出前，经当事人同意，可以委托有利于案件调解解决的人民调解、行政调解、行业调解等有关组织或者人大代表、政协委员等主持调解，或者邀请有关单位或者技术专家、律师等协助人民法院进行调解。调解人可以由当事人共同选定，也可以经双方当事人同意，由人民法院指定。当事人可以协商确定民事案件委托调解的期限，一般不超过 30 日。经双方当事人同意，可以顺延调解期间，但最长不超过 60 日。延长的调解期间不计入审限。人民法院委托调解人调解，应当制作调解移交函，附送主要案件材料，并明确委托调解的注意事项和当事人的相关请求。

12. 大力做好再审案件调解工作。对历时时间长、认识分歧较大的再审案件，当事人情绪激烈、矛盾激化的再审案件，改判和维持效果都不理想的再审案件，要多做调解、协调工作，尽可能促成当事人达成调解、和解协议。对抗诉再审案件，可以邀请检察机关协助人民法院进行调解；对一般再审案件，可以要求原一、二审法院配合进行调解；对处于执行中的再审案件，可以与执行部门协调共同做好调解工作。

13. 扎实做好调解回访工作。对于已经达成调解协议的，各级法院可以通过实地见面访、远程通讯访或者利用基层调解工作网络委托访等形式及时回访,督促当事人履行调解协议。对于相邻权、道路交通事故、劳动争议等多发易发纠纷的案件,应当将诉讼调解向后延伸,实现调解回访与息诉罢访相结合,及时消除不和谐苗头,巩固调解成果,真正实现案结事了。

14. 注重发挥律师和法律援助机构在调解工作中的积极作用。各级法院要积极推动、引导律师和法律援助机构参与或者主持调解、和解,共同做好调解工作。要积极探索,争取当地司法行政部门、律师协会的支持,注意解决律师风险代理收费与调解结案之间的矛盾。要积极推动律师协会建立推荐优秀律师担任调解员的制度,推进律师和法律援助机构参与或者主持调解工作的制度化、规范化。对于在调解工作中成绩突出的律师和法律援助机构,人民法院应当向当地司法行政部门、律师协会提出予以表彰和奖励的建议。

三、规范调解活动,创新调解工作机制,提高调解工作质量

15. 切实贯彻当事人自愿调解原则。要积极引导并为双方当事人达成调解协议提供条件、机会和必要的司法保障。除了法律另有规定的以外,要尊重当事人选择调解或者裁判方式解决纠纷的权利,尊重当事人决定调解开始时机、调解方式方法和调解协议内容的权利。要在各个诉讼环节,针对当事人的文化知识、诉讼能力的不同特点,用通俗易懂的语言,进行释法解疑,充分说明可能存在的诉讼风险,引导当事人在充分认识自身权利义务的基础上,平等自愿地解决纠纷。

16. 切实贯彻合法调解原则。要依法规范调解过程中法官审判权的行使,确保调解程序符合有关法律规定,不得违背当事人自愿去强迫调解,防止以判压调、以拖促调。要及时查明当事人之间的纠纷争执点和利益共同点,准确合理确定当事人利益关系的平衡点,维持双方当事人权利义务基本均衡,确保调解结果的正当性。要认真履行对调解协议审查确认职责,确保调解协议的内容不违反法律规定,不损害国家利益、社会公共利益、第三人利益以及社会公序良俗,正确发挥司法调解的功能,切实维护公平正义。

17. 科学把握当判则判的时机。要在加强调解的同时，切实维护当事人合法权益，注意防止不当调解和片面追求调解率的倾向，不得以牺牲当事人合法权益为代价进行调解。对当事人虚假诉讼或者假借调解拖延诉讼的，应依法及时制止并做出裁判；对一方当事人提出的方案显失公平，勉强调解会纵容违法者、违约方，且使守法者、守约方的合法权益受损的，应依法及时裁判；对调解需要花费的时间精力、投入的成本与解决效果不成正比的，应依法及时裁判；对涉及国家利益或者社会公共利益的案件，具有法律适用指导意义的案件，或者对形成社会规则意识有积极意义的案件，应注意依法及时裁判结案，充分发挥裁判在明辨是非、规范行为、惩恶扬善中的积极作用。

18. 加强对调解工作的监督管理。要充分考虑调解工作的特点，建立健全有利于调解工作科学发展的审判流程管理体系。要落实《最高人民法院关于人民法院民事调解工作若干问题的规定》第四条、第六条关于特定情况下的和解、调解期间不计入审限的规定，合理放宽对调解案件适用时间、期间和审限的限制。当事人愿意进行调解，但审理期限即将届满的，可以由当事人协商确定继续调解的期限，经人民法院审查同意后，由承办法官记录在卷。案件有达成调解协议的可能，当事人不能就继续调解的期限达成一致的，经本院院长批准，可以合理延长调解期限。同时，要针对各类调解案件在审理流程中不同环节的特点，确定合理的案件流转程序，避免在调判对接、调判转换环节因效率不高而延长案件处置周期；要加强对调解工作的跟踪管理和评查，及时纠正调解工作中存在的问题，着重解决硬调、久调不决等问题，确保调解工作质量。

19. 进一步加强对法官在调解工作中的职业行为约束。各级法院的法官，在调解过程中要注重着装仪表，约束举止言行，保持客观公正，平等保护各方当事人合法权益，不偏袒一方。根据案件的具体情况，法官可以在调解过程中分别做各方当事人的调解工作，但不得违反有关规定，私自单方面会见当事人及其委托的代理人。

20. 进一步规范调解协议督促条款、担保履行条款的适用。在调解过程中,要关注义务履行人的履行能力和履行诚意,在确保调解协议内容具体、明确并具有可执行性的同时,注重引导当事人适用《最高人民法院关于人民法院民事调解工作若干问题的规定》第十条、第十一条规定的督促条款和担保履行条款,提高调解协议的自动履行率。对原告因质疑被告履行调解协议的诚意而不愿调解的案件、争议标的额较大的案件,以及调解协议确定的履行期限较长或者分期履行的案件,可以通过适用督促条款、担保履行条款,促进调解协议的达成,促使义务履行人自动履行调解协议。要注意总结调解经验,制定规范性的表述方式,明确条款的生效条件,防止调解结案后双方当事人对协议条款内容的理解产生歧义。

21. 建立健全类型化调解机制。要不断总结调解经验,努力探索调解规律,建立健全以调解案件分类化、调解法官专业化、调解方法特定化为内容的类型化调解机制,建立相应的调解模式,提高调解同类案件的工作效率和成功率。要根据案件利益诉求、争议焦点的相似性,对道路交通事故损害赔偿纠纷、医疗损害赔偿纠纷、劳动争议等案件试行类型调解模式,实现"调解一案、带动一片"的效果。要根据类型案件的特点,选配具有专业特长、经验丰富的法官调解,鼓励法官加强对类型案件调解理论和方法的梳理和研究,将经过实践检验行之有效的个案调解方法,提升为同类案件的调解技巧,不断丰富调解的形式和手段。

22. 建立健全调解工作激励机制。要修改完善调解工作统计指标体系,完善统计口径,要从统计和考核民事案件调解情况,发展到对诉前、立案、庭前、庭中、庭后、执行、再审、申诉、信访等诸环节的调解案件,以及刑事、行政等各项调解、和解和协调工作进行统计和考核。在考核指标体系方面,在适当考虑办案数量、结案率和改判发回率的同时,突出对办案社会效果的考核,加大调解撤诉率、服判息诉率、申请再审率、申诉率、信访率、强制执行率和调解案件自动履行率等指标的权重。要建立健全能够反映调解工作量和社会效果的量化考核体系和考评方法,作为评价各级法院调解工作成效的标准和法官业绩考评的参考依据,正确引导调解工作方向,提高调解水平。

23. 建立健全调解能力培养长效机制。要及时总结调解工作经验，整理典型案例，加强对调解工作的指导。要把调解能力培养列入法官年度和专门培训计划，要以提高做群众工作的能力为核心，着力加强调解能力建设。要继续推行法官教法官、新进人员到基层和信访窗口接受锻炼等做法，鼓励法官深入社会、深入实践、深入基层，深刻把握社情民意，了解本地风俗习惯，学会运用群众语言，不断贴近人民群众，切实增强调解工作的效果。

24. 建立健全调解保障机制。各级法院要积极争取当地党委和政府的支持，把调解工作经费纳入财政预算。要积极争取中央政法补助专款资金和省级财政配套资金支持，充分发挥专款资金的使用效益，加大对调解工作的经费投入。要在经费、装备和人员编制等方面向基层法院和人民法庭倾斜，加大投入，进一步夯实调解工作基层基础。要争取专项经费支持，为参与调解的特邀调解员、委托调解人提供经费保障，对在调解工作中成绩突出的特邀调解员、委托调解人，要予以表彰和奖励。

四、进一步推动“大调解”工作体系建设，不断完善中国特色纠纷解决机制

25. 坚持在党委领导和政府支持下推进工作体系建设。各级法院要紧紧依靠党委领导，积极争取政府支持，鼓励社会各界参与，充分发挥司法的推动作用，将人民调解、行政调解、司法调解“大调解”工作体系建设纳入推进三项重点工作的整体部署。在坚持三大调解各司其职的前提下，充分发挥司法的引导、保障作用，加强与人民调解、行政调解在程序对接、效力确认、法律指导等方面的协调配合，及时把社会矛盾纠纷化解在基层和萌芽状态，有力促进社会和谐稳定。

26. 推动“大调解”工作网络体系的建立。各级法院要加强与村委会、居委会、工会、共青团、妇联、侨联等组织密切配合，形成化解社会矛盾的合力。要充分利用自身的资源来支持其他调解组织开展工作，有条件的地方可以在基层法院和人民法庭设立人民调解工作室等必要的办公场所，为其他组织调处纠纷提供支持，同时也要注意利用其他社会组织和有关部门的调解资源。可以在处理纠纷比较多的派出所、交警队、妇联、工会等单位设立巡回调解点。要建立以人大代表、政协委员、基层干部、人民陪审员、离退休干部以及社会各界人士组成的覆盖各级、各部门、各行业的特邀调解员、调解志愿者网络库,加强与人民调解、行政调解组织网络的对接,逐步形成资源共享、力量共用、良性互动的“大调解”工作网络体系。

27. 加强在“大调解”工作体系中的沟通协调。各级法院要加强与各级联席会议、人民调解、行政调解以及其他调解组织的联系,及时掌握矛盾纠纷排查情况,紧紧抓住影响社会和谐稳定的源头性、根本性、基础性问题,充分发挥不同调解组织的职能互补作用,引导不同类型的矛盾纠纷由不同的调解组织解决,相互借力、共谋调处。要依靠党委的领导和“大调解”工作体系,对可能起诉到人民法院的重大案件提前做好工作预案,对已受理的重大或群体性案件,要充分依托“大调解”工作体系协调相关职能部门稳妥处置化解。

28. 加强对人民调解、行政调解的法律指导。各级法院要加强与人民调解、行政调解组织的工作沟通和经验交流,相互学习借鉴好经验、好做法,共同提高调解水平。要积极开展对“大调解”工作中新情况、新问题的分析研究,加强对人民调解、行政调解组织的指导,帮助人民调解、行政调解组织完善工作程序,规范调解行为。要配合司法行政机关等政府职能部门和有关组织,指派审判经验丰富的审判人员采取“以案代训”、“观摩调解”等方式对人民调解员、行政调解人员开展培训。对人民法院变更、撤销或者确认无效的调解协议及其原因,应当以适当方式及时反馈给相关调解组织,并就审理中发现的问题提出意见和建议。

29. 进一步完善调解衔接机制。对经人民调解、行政调解、行业调解或者其他具有调解职能的组织调解达成的协议,需要确认效力的,有管辖权的人民法院应当依法及时审查确认;符合强制执行条件的,人民法院应当依法及时执行。具有债权内容的诉讼外调解协议,经公证机关依法赋予强制执行效力的,债权人可以向被执行人住所地或者被执行的财产所在地人民法院申请执行。

最高人民法院、司法部关于印发《关于充分发挥人民调解基础性作用　推进诉源治理的意见》的通知

(2023年9月27日　司发〔2023〕1号)

各省、自治区、直辖市高级人民法院、司法厅(局),解放军军事法院,新疆维吾尔自治区高级人民法院生产建设兵团分院、新疆生产建设兵团司法局:

现将《关于充分发挥人民调解基础性作用　推进诉源治理的意见》印发你们,请结合实际,抓好贯彻落实。

关于充分发挥人民调解基础性作用　推进诉源治理的意见

为深入贯彻落实习近平总书记关于调解工作的重要指示精神和党中央决策部署,坚持把非诉讼纠纷解决机制挺在前面,抓前端、治未病,充分发挥人民调解在矛盾纠纷预防化解中的基础性作用,深入推进诉源治理,从源头上减少诉讼增量,提出以下意见。

一、总体要求

（一）指导思想

坚持以习近平新时代中国特色社会主义思想为指导，全面贯彻落实党的二十大精神，深入学习贯彻习近平法治思想，认真贯彻落实习近平总书记关于调解工作的重要指示精神，坚持党的领导，坚持以人民为中心，坚持和发展新时代“枫桥经验”，进一步加强人民调解工作，健全完善诉调对接工作机制，强化工作保障，推动源头预防、就地实质化解纠纷，为建设更高水平的平安中国、法治中国作出积极贡献。

（二）工作原则

坚持党的领导。坚持党对人民调解工作的全面领导，牢牢把握人民调解工作正确政治方向，确保党中央决策部署得到全面贯彻落实。

坚持人民至上。坚持人民调解为了人民、依靠人民，以维护人民群众合法权益为出发点和落脚点，为人民群众提供更加优质高效智能的调解服务。

坚持预防为主。坚持抓早抓小抓苗头，引导基层群众优先选择人民调解等非诉讼方式，夯实诉源治理，切实把矛盾纠纷解决在基层、化解在诉前。

坚持协调联动。加强资源统筹，广泛引导和发动社会各方面力量参与矛盾纠纷化解，促进矛盾纠纷有效分流、及时调处、形成合力。

坚持实质化解。不断提升调解能力，提高调解协议自动履行率，保证调解协议效力，依法维护人民调解权威，促进矛盾纠纷就地实质化解。

坚持创新发展。总结有益经验，从实际出发，不断推进工作理念、平台载体、制度机制、方式方法创新，丰富和完善人民调解制度，提高诉源治理水平。

二、夯实人民调解“第一道防线”

（一）加强矛盾纠纷排查预防。切实把矛盾纠纷排查作为一项基础性、日常性工作，采取普遍排查与重点排查、日常排查与集中排查相结合等方式，不断提高矛盾纠纷排查的针对性、有效性。加强与网格员、平安志愿者等群防群治力量和派出所、综治中心等基层维稳单位的信息共享、联排联动，做到排查全覆盖、无盲区。聚焦矛盾纠纷易发多发的重点地区、重点领域、重点人群、重点时段，开展有针对性的重点排查。围绕服务乡村振兴等国家重大战略，围绕开展重大活动、应对重大事件等，组织开展形式多样的矛盾纠纷专项排查。对排查出的矛盾纠纷风险隐患，建立工作台账，分类梳理，采取相应的防范处置措施，努力做到早发现、早报告、早控制、早解决。

（二）加强基层矛盾纠纷化解。加强乡镇（街道）、村（社区）人民调解组织规范化建设，做到依法普遍设立、人员充实、制度健全、工作规范、保障有力。完善覆盖县乡村组的人民调解组织网络，推进形式多样的个人、特色调解工作室建设，探索创设更多契合需要的新型人民调解组织。加大对婚姻家事、邻里、房屋宅基地、山林土地等基层常见多发的矛盾纠纷调解力度，坚持抓早抓小、应调尽调、法理情相结合，防止因调解不及时、不到位引发"民转刑""刑转命"等恶性案件。对可能激化的矛盾纠纷，要在稳定事态的基础上及时报告，协助党委、政府和有关部门化解。

（三）加强重点领域矛盾纠纷化解。以社会需求为导向，对矛盾纠纷易发多发的重点领域，鼓励社会团体或其他组织依法设立行业性专业性人民调解组织。已经设立行业性专业性人民调解组织的，要在司法行政机关的指导下，全面加强规范化建设，确保中立性、公正性，防止商业化、行政化。进一步加强医疗、道路交通、劳动争议、物业等领域人民调解工作，积极向消费、旅游、金融、保险、知识产权等领域拓展。加强新业态领域矛盾纠纷化解，切实维护灵活就业和新就业形态劳动者合法权益。针对重点领域矛盾纠纷特点规律，建立完善人民调解咨询专家库，注重运用专业知识、借助专业力量化解矛盾纠纷，提高调解工作的权威性和公信力。

（四）加强重大疑难复杂矛盾纠纷化解。依托现有的公共法律服务中心，整合人民调解、律师调解、商事调解、行业调解、行政调解等力量，设立市、县两级"一站式"非诉讼纠纷化解中心（或矛盾纠纷调解中心），统筹律师、基层法律服务、公证、法律援助、司法鉴定等法律服务资源，联动仲裁、行政复议等非诉讼纠纷化解方式，合力化解市、县域范围内重大疑难复杂矛盾纠纷。

三、加强诉调对接工作

（一）加强诉前引导。在诉讼服务、法治宣传等工作中提供非诉讼纠纷解决方式指引，增强当事人及律师等法律服务工作者非诉讼纠纷解决意识。人民法院加强诉前引导，对诉至人民法院的案件，适宜通过人民调解解决的，向当事人释明人民调解的特点优势，引导当事人向属地或相关人民调解组织申请调解。经释明后当事人仍不同意调解的，及时登记立案。

（二）及时分流案件。人民法院对适宜通过人民调解方式解决的案件，在征得双方当事人同意后，可以先行在立案前委派或诉中委托人民调解。委派委托的人民调解组织，可以由当事人在司法行政机关公布的人民调解组织名册中选定，也可以由人民法院在特邀调解组织名册中指定。对基层矛盾纠纷，充分发挥村（社区）、乡镇（街道）人民调解委员会作用，及时就地予以化解。对行业专业领域矛盾纠纷，注重发挥相关行业性专业性人民调解组织优势，提升专业化解水平。鼓励非诉讼纠纷化解中心（或矛盾纠纷调解中心）与人民法院诉讼服务中心实行直接对接，统一接收人民法院委派委托调解的案件，组织、协调、督促辖区内人民调解组织开展调解。

（三）依法受理调解。人民调解组织收到委派委托调解的案件后，应当按照《中华人民共和国人民调解法》和《全国人民调解工作规范》要求及时受理调解。经调解达成协议的，人民调解组织可以制作调解协议书，督促双方当事人按约履行，并向人民法院反馈调解结果。双方当事人认为有必要的，可以共同向有管辖权的人民法院申请司法确认。经调解不能达成调解协议的，人民调解组织应当及时办理调解终结手续，将案件材料退回委派委托的人民法院。人民法院接收案件材料后，应当及时登记立案或者恢复审理。对各方当事人同意用书面形式记载的调解过程中没有争议的事实，在诉讼程序中，除涉及国家利益、社会公共利益和他人合法权益的外，当事人无需举证。

四、强化调解工作保障

（一）加强人民调解员队伍建设。注重吸纳律师、公证员、仲裁员、基层法律服务工作者、心理咨询师、医生、教师、专家学者等社会专业人士和退休政法干警以及信访、工会、妇联等部门群众工作经验丰富的退休人员担任人民调解员，不断壮大人民调解员队伍，优化人员结构。大力加强专职人民调解员队伍建设，行业性专业性人民调解委员会应当配备3名以上专职人民调解员，乡镇（街道）人民调解委员会和派驻有关单位和部门的人民调解工作室应当配备2名以上专职人民调解员，有条件的村（社区）和企（事）业单位人民调解委员会可以配备1名以上专职人民调解员。建立青年律师参与人民调解机制，组织青年律师特别是新入职律师到司法所、公共法律服务中心等机构锻炼，充分发挥律师精通法律的专业优势，广泛参与矛盾纠纷排查预防、基层矛盾纠纷化解、行业专业领域矛盾纠纷化解等工作，提升矛盾纠纷化解专业化水平。落实以县级司法行政机关为主的培训制度，采取集中授课、交流研讨、案例评析、现场观摩、旁听庭审、实训演练等灵活多样、生动有效的形式，加强对人民调解员的培训，不断提高人民调解员化解新形势下矛盾纠纷的能力和水平。

（二）加强经费保障。推动落实将人民调解工作指导经费、人民调解委员会补助经费、人民调解员补贴经费、专职人民调解员聘用经费、人民调解办案补贴和专家咨询费等列入同级财政预算足额保障。加强与财政部门沟通协调，建立人民调解工作经费动态增长机制，加大政府购买人民调解服务力度，用足用好中央和省级转移支付资金，补充人民调解工作经费不足。人民调解组织的设立单位和相关行业主管部门应当提供场所、设施等办公条件和必要的工作经费。探索建立相关基金会，鼓励为人民调解组织提供捐赠资助等，多渠道保障人民调解工作有效开展。

（三）强化信息化平台对接。最高人民法院与司法部建立“总对总”对接机制，司法部加快推进矛盾纠纷非诉化解平台建设，实现与最高人民法院的业务协同和数据共享，确保纠纷案件网上流转顺畅，信息数据互通共享。

人民调解信息化平台依托司法部矛盾纠纷非诉化解平台，实现与最高人民法院相关系统平台的对接，开展矛盾纠纷在线咨询、在线分流、在线调解、在线反馈、在线司法确认。积极运用大数据、云计算、人工智能等信息化手段，通过信息化平台对接汇聚纠纷数据，实现对矛盾风险的动态感知、精准分析，提高预测预警预防风险的能力，为党委、政府科学研判社会矛盾纠纷形势提供参考依据。

五、加强组织领导

（一）加强协作配合。各级人民法院和司法行政机关要积极争取党委、政府对人民调解工作的重视和支持，推进诉源治理，提高人民调解工作在平安建设考核中的比重。建立民间纠纷成诉情况通报机制和重大矛盾纠纷预警双向通报机制，定期分析辖区矛盾纠纷特点，共同做好纠纷预防化解工作。加强调查研究，共同研究解决工作中遇到的困难和问题。强化工作督导，确保各项工作落实到位。

（二）加强工作指导。司法行政机关要加强对人民调解工作的全面指导，提升人民调解工作规范化水平，建立健全人民调解组织和人民调解员名册，做好依法设立的人民调解组织备案工作，完善人民调解工作考核评价标准，并将考核情况与调解员等级评定、办案补贴挂钩。人民法院要加强对人民调解委员会调解民间纠纷的业务指导，会同司法行政机关做好人民调解宣传推广和业务培训等工作，完善委派委托人民调解和人民调解协议司法确认机制，优化工作流程。

（三）加强宣传表彰。要充分运用传统媒体和网络、微信、微博等新媒体，加大对人民调解工作的宣传力度，不断扩大人民群众对人民调解的知晓度和首选率。广泛宣传人民调解组织和人民调解员的先进事迹，联合发布相关典型案例，讲好“人民调解故事”，为人民调解工作开展营造良好社会环境。采取多种形式，加大对人民调解组织和人民调解员的表彰表扬力度，增强其职业荣誉感和自豪感，激发人民调解员的工作热情。

司法部、国家信访局印发《关于进一步深化人民调解参与信访工作对接推进信访工作法治化的意见》的通知

（2025年2月10日）

各省、自治区、直辖市司法厅（局）、信访局（办），新疆生产建设兵团司法局、信访局：

为贯彻落实党中央关于推进信访工作法治化的决策部署，进一步深化人民调解参与信访工作对接，根据《中华人民共和国人民调解法》《信访工作条例》等法律法规和有关规定，结合工作实际，司法部、国家信访局联合制定了《关于进一步深化人民调解参与信访工作对接　推进信访工作法治化的意见》，现予以印发，请认真贯彻执行。

关于进一步深化人民调解参与信访工作对接推进信访工作法治化的意见

为深入贯彻落实党的二十届三中全会关于坚持和发展新时代“枫桥经

验"、推进信访工作法治化决策部署,完善正确处理新形势下人民内部矛盾机制,坚持访调结合、调解先行,进一步深化人民调解参与信访工作对接,积极引导通过调解方式化解信访事项,维护社会和谐稳定,根据《中华人民共和国人民调解法》《信访工作条例》等法律法规和有关规定,提出如下意见。

一、明确人民调解参与信访工作对接范围

(一)适用调解的情形。对于下列申诉求决类信访事项,经争议双方当事人同意,信访部门和有权处理的机关、单位可以移交或委托人民调解组织调解:

1. 公民之间有关人身损害赔偿、财产权益和其他权益的纠纷;

2. 公民与法人之间或其他社会组织之间的民事纠纷;

3. 公民、法人或其他社会组织与行政机关之间发生的具有民事权利义务争议的纠纷;

4. 其他依法可以通过人民调解处理的信访事项。

(二)不适用调解的情形。对于下列信访事项,不适用移交或委托人民调解组织调解:

1. 根据《信访工作条例》等法律法规规定的只能由专门机关管辖处理的;

2. 应当通过审判机关诉讼程序或复议程序、检察机关刑事立案程序或法律监督程序、公安机关法律程序处理的,涉法涉诉未依法终结的;

3. 公民、法人或其他社会组织与行政机关之间发生的行政争议;

4. 其他法律、法规规定的不宜采用人民调解方式解决的。

二、规范人民调解参与信访工作对接流程

(三)甄别引导。信访部门和有权处理的机关、单位对群众反映的问题,依法依规进行甄别处理。建立健全告知引导制度,对适宜通过调解方式化解的信访事项,应当向信访人告知人民调解的特点和优势,引导其选择人民调解渠道化解。

（四）委托移送。信访部门和有权处理的机关、单位认为信访事项适宜移送调解的，在征求当事人同意基础上，填写委托移送函，与信访事项相关材料一并移送人民调解组织。人民调解组织对移送的信访事项审查后决定受理的，反馈移交或委托部门；对不符合受理条件的，应当及时告知当事人通过仲裁、行政复议、诉讼等其他法定途径解决信访事项，并在5个工作日内将不予受理的结果和理由反馈移交或委托部门，相关材料一并交还移交或委托部门。

（五）依法调解。人民调解组织受理当事人调解申请后，应当按照《中华人民共和国人民调解法》《信访工作条例》等法律法规的规定，依法进行调解。调解工作一般应当在30日内完成。因特殊情况需延长调解期限的，经当事人同意可适当延长。人民调解组织调解信访事项成功的，制作人民调解协议书，并告知当事人可以依法向人民法院申请司法确认。在规定时限内，经多次调解不成功或当事人不愿继续调解的，应当终止调解，制作人民调解终止书，并引导当事人通过其他法定途径解决。

（六）结果反馈。经调解达成协议或调解终止的，人民调解组织应当及时将信访事项的调解结果反馈给引导或委托的部门，并定期向司法行政部门报送调解统计数据。

三、优化人民调解参与信访工作对接机制

（七）分工协作机制。各地司法行政部门、信访部门等应当紧密结合本地实际，建立协调联络机制，强化工作协同，定期开展分析研判，提出预防和化解信访事项的对策建议。司法行政部门负责指导本地区人民调解组织受理和调解信访事项。信访部门和有权处理的机关、单位负责移送信访事项的甄别引导、委托移送等工作。人民调解组织负责调解信访事项。

（八）情况报告机制。人民调解组织在信访事项调解过程中，遇有重大、复杂情况或可能引发治安案件、刑事案件、群体性事件、越级上访等情况的，应当及时向公安、信访、司法行政等部门报告，并配合做好相关工作。

（九）保障运行机制。按照中央政法委等六部门《关于加强人民调解员队伍建设的意见》(司发〔2018〕2号)要求,司法行政部门会同信访等部门根据工作需要设立派驻调解组织,安排人民调解员开展信访事项化解工作。信访等部门为派驻调解组织实质化运行提供业务用房、办公用品、通讯设施等必要保障。司法行政部门对参与信访事项调解工作的人民调解员有针对性地开展业务培训,将调解成功的案件纳入人民调解以案定补范围。

(十)专业协同机制。对专业性强、化解难度大的信访事项,司法行政部门应当充分发挥行业性、专业性人民调解组织的专业人才优势,统筹协调律师、公证、司法鉴定、基层法律服务、法律援助等法律服务资源,形成工作合力。

(十一)数据联通机制。司法行政部门、信访部门应当充分运用信息化、智能化等手段加强数据联通,建立信访事项在线分流、在线调解、在线反馈等机制,实现调解工作信息平台和信访信息平台的互联互通、业务协同。

各级司法行政机关、信访部门要加强组织领导,牢牢把握“预防在前、调解优先、运用法治、就地解决”的要求,积极争取党委政府高度重视支持人民调解参与信访工作。结合实际加强调查研究,积极探索,大胆创新,及时研究解决工作中出现的新情况、新问题。充分运用报纸、电视、网络等媒体,广泛宣传工作中的先进典型和经验成果,讲好人民调解故事,切实提高人民群众对人民调解参与信访工作的知晓率和认同度,积极引导信访人通过调解方式解决问题,推进信访工作法治化。

附件：人民调解参与信访工作对接流程图

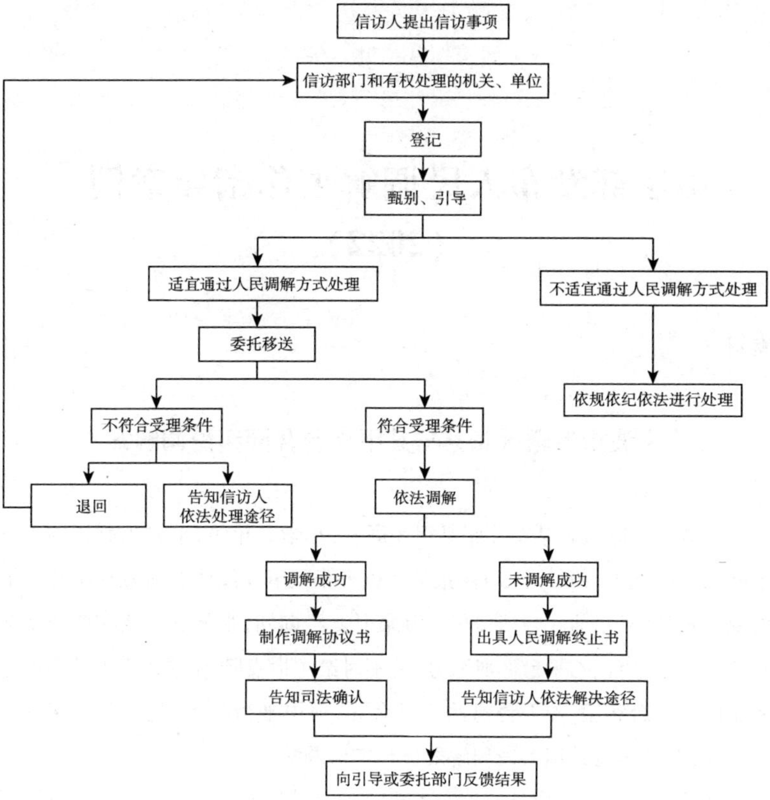

人民调解参与信访工作对接流程图

附录二　相关案例

司法部发布人民调解工作指导案例[①]（2022）

案例一

宁波市海曙区张某与某甲平台合同纠纷调解案

宁波市海曙区张某女儿张某甲8周岁，小学2年级，平时用奶奶的手机上网课、做作业。2021年3月，张某在检查张某甲在线作业时发现十几条消费提醒短信，显示前一晚消费了8万余元。经询问，张某甲承认在两个知名直播软件甲平台、乙平台注册账号，并不时给主播点赞“打赏”。张某随即联系了两个平台客服，乙平台退回3万余元，但甲平台拒绝退款，并与张某产生纠纷，张某遂向某镇人民调解委员会申请调解。

调解员通过调查取证、证据收集，证明点赞“打赏”行为确为张某甲所为，且甲平台的主播明知张某甲系小学生。调解员在出示证据的同时，指出甲平台存在未落实用户实名制和最高打赏金额限制等管理漏洞，并向甲平台指出根据《中华人民共和国民法典》的规定，张某甲系限制民事行为能力人，除可以独立实施纯获利益的民事法律行为或者与其年龄、智力相适应的

---

① 摘自司法部官网，https://www.moj.gov.cn/pub/sfbgw/gwxw/xwyw/szywbnyw/202208/t20220802_461069.html。

民事法律行为外,实施的其他民事法律行为须经其法定代理人同意、追认。张某作为张某甲的监护人,有充分的法律依据要求甲平台退回“打赏”。甲平台对此表示认可,并同意在10个工作日内退回钱款。

案例二

徐闻县高某与陈某邻里纠纷调解案

2020年3月初,徐闻县某乡某村的陈某购买了一台渔网编织机,将其安置于自家院子编织渔网出售。隔壁民宿房主高某找到陈某,表示近日接连有房客反映陈某家的渔网编织机作业时噪音较大,干扰正常休息。高某要求陈某将渔网编织机搬走,陈某予以拒绝,高某向某乡人民调解委员会申请调解。

调解员经过现场调查,建议高某让陈某免费在民宿住一晚,陈某家属通宵开机编织渔网,由陈某亲身体验后再进行调解。第二天,陈某向调解员表示,在机器噪音影响下心里烦躁,难以入睡。调解员适时展开调解工作,指出根据《中华人民共和国民法典》的规定,不动产权利人不得违反国家规定排放噪音等有害物质。侵权行为危及他人人身、财产安全的,被侵权人有权请求侵权人承担停止侵害、排除妨碍、消除危险等侵权责任。陈某对此表示认可。鉴于出售渔网为陈某家庭唯一经济来源,调解员建议陈某在与高某的民宿之间修建隔音围墙,在渔网编织机底部加装防震装置,中午和晚上以及国家法定节假日期间停止渔网编织机工作。高某和陈某一致表示同意,并达成调解协议。

案例三

徐州市泉山区朱某某与王某某损害赔偿纠纷调解案

2021年11月,外卖员王某某要求进入徐州市泉山区某小区配送外卖,因其拒绝出示健康码和行程码，被安保人员朱某某阻拦在小区外。双方因此发生争吵和推搡，朱某某被王某某推倒在地，后经医院诊断，朱某某胸壁挫伤。二人自行协商赔偿事宜无果，朱某某向徐州市某公调对接人民调解委员会申请调解。

调解员在播放监控录像还原事发情况的同时，向王某某指出，其争分夺秒配送外卖可以理解，但疫情特殊时期进出小区应配合安保人员的正常核查，徐州市疫情防控应急指挥部紧急发布的通告中规定，严格非封控区和非管控区的其他小区（村）出入管理，落实进出人员和车辆登记、体温监测、查验健康码和行程卡等措施。朱某某要求王某某出示健康码和行程码符合疫情防控要求。根据《中华人民共和国民法典》的规定，侵害他人造成人身损害的，应当赔偿医疗费、护理费、交通费、营养费、住院伙食补助费等为治疗和康复支出的合理费用，以及因误工减少的收入。王某某动手伤人造成朱某某人身损害，理应赔偿朱某某因此产生的各项损失。王某某表示认识到自己的错误，应当配合疫情防控要求，并向朱某某表示道歉。调解员随即协助双方就赔偿金额进行协商，双方最终达成一致意见并签订调解协议。

案例四

衡阳市侯某某与某银行金融纠纷调解案

2020年3月，侯某某在网上申请了某银行信用卡，网上初审通过后，侯某某前往某银行营业部进行身份核查及手续确认。因侯某某系盲人，无法本人签字，不能按照一般信用卡申请流程办理业务，某银行未为其发放信用卡。侯某某对某银行业务流程提出异议，并与某银行产生纠纷，侯某某向某金融消费纠纷人民调解委员会申请调解。

为维护侯某某的合法权益，调解员邀请了市残联肢残协会工作人员参加调解。调解员向某银行进行释法明理,指出根据《中华人民共和国商业银行法》的规定,商业银行与客户的业务往来,应当遵循平等、自愿、公平和诚实信用的原则。《中国人民银行金融消费者权益保护实施办法》规定,银行、支付机构应当尊重社会公德,尊重金融消费者的人格尊严和民族风俗习惯,不得因金融消费者性别、年龄、种族、民族或者国籍等不同实行歧视性差别对待,不得使用歧视性或者违背公序良俗的表述。盲人客户只是行为受到了限制,权利并没有丧失,某银行设置的信用卡发卡规定没有考虑到盲人等特殊群体的需求。调解员建议某银行采取适合盲人的方式进行身份核查,某银行表示接受调解员的建议,采用录音录像和口述的方式对侯某某进行了身份核查,并为其发放了信用卡。双方矛盾纠纷得到妥善化解。